Descubra o
DEUS
que existe dentro
de VOCÊ

Descubra o DEUS que existe dentro de VOCÊ

NICK GANCITANO

TRADUÇÃO
Fal de Azevedo

MAGNITU^DDE

MAGNITUDDE

Descubra o Deus que existe dentro de você
Título original: *Be still and know I am God*
BE STILL AND KNOW I AM GOD
All Rights Reserved
Watkins Publishing, Sixth Floor, Castle House, 75-76 Wells Street, London W1T 3QH
Biographical essay and compilation and selection of text
© Nick Gancitano 2011
Copyright desta tradução © 2012 by Lúmen Editorial Ltda.

***Magnitudde* é um selo da Lúmen Editorial Ltda.**

1ª edição - julho de 2012

DIREÇÃO EDITORIAL: *Celso Maiellari*
COORDENAÇÃO EDITORIAL: *Fernanda Rizzo Sanchez*
PROJETO EDITORIAL: *Estúdio Logos*
PREPARAÇÃO DE ORIGINAIS: *Valéria Sanálios*
REVISÃO: *Cátia de Almeida e Ricardo Franzin*
PROJETO GRÁFICO, CAPA E DIAGRAMAÇÃO: *Desígnios Editoriais*
IMAGEM DE CAPA: Triff / Shutterstock
IMPRESSÃO E ACABAMENTO: Orgrafic Gráfica

Dados Internacionais de Catalogação na Publicação (CIP)
(Câmara Brasileira do Livro, SP, Brasil)

Gancitano, Nick
    Descubra o Deus que existe dentro de você / Nick Gancitano ; tradução Fal de Azevedo. -- São Paulo : Magnitudde, 2012.

    Título original: Be still and know i am god
    Bibliografia.
    ISBN 978-85-65907-01-9

    1. Deus – Amor 2. Deus – Misericórdia 3. Deus – Onipotência 4. Vida cristã 5. Vida espiritual – Cristianismo I. Título.

12-09385   CDD-248.4

Índices para catálogo sistemático:
1. Poder de Deus : Vida cristã : Cristianismo   248.4

Lúmen Editorial Ltda.
Rua Javari, 668
São Paulo - SP
CEP 03112-100
Tel/Fax (0xx11) 3207-1353

visite nosso site: www.lumeneditorial.com.br
fale com a Lúmen: atendimento@lumeneditorial.com.br
departamento de vendas: comercial@lumeneditorial.com.br
contato editorial: editorial@lumeneditorial.com.br
siga-nos nas redes sociais:
@lumeneditorial
facebook.com/lumen.editorial1

2012

Proibida a reprodução total ou parcial desta obra sem prévia autorização da editora

Impresso no Brasil - *Printed in Brazil*

Sumário

Agradecimentos 7
Introdução 9
capítulo um: EU SOU 13
capítulo dois: RELIGIÃO 21
capítulo três: EGO 31
capítulo quatro: MORTE E DESEJO 45
capítulo cinco: DINHEIRO 57
capítulo seis: O CORPO 67
capítulo sete: TEORIA DA CONSPIRAÇÃO 83
capítulo oito: HUMANIDADE 89
capítulo nove: FÉ E LIVRE-ARBÍTRIO 93
capítulo dez: A ILUSÃO 101
capítulo onze: REDENÇÃO 115
capítulo doze: EU SOU O QUE SOU 125

Agradecimentos

Gostaria de agradecer ao pessoal da Hippocampus BRT Ltd., criadores do dispositivo Lenyo LUX™, equipamento que neutralizou as emissões ELF/VLF incoerentes e tornou possível este livro ser criado no computador.

Introdução

Você tem buscado sustento espiritual mudando repetidas vezes de religião, guru ou Mestre, mas ainda está insatisfeito? A razão disso é que a maior parte dos caminhos para o despertar tem sido corrompida por erros de tradução nas escrituras, que negligenciam o enfrentamento das preocupações contemporâneas de tal maneira que, atualmente, vemos neutralizado o inconsciente do mundo. Não se espante, pois em sua mão descansa *o caminho direto* para conhecer Deus dentro de si, o que todas as religiões e filosofias tentam transmitir, mas ainda não conseguiram articular de forma completa.

Em resposta, *Descubra o Deus que existe dentro de você* incorpora todos os elementos necessários para o seu despertar para a Verdade. Essa Mensagem é tão essencial que seu conteúdo permitirá que sua consciência reconheça completamente o *EU SOU* interno por toda a existência, guiando e fornecendo a você tudo de que precisar.

Quem sou eu? EU SOU Sua Verdade Intrínseca, o Primeiro e Único Deus. Uma vez sabendo que EU ESTOU dentro de você, o apego ao corpo e a este mundo será deixado de lado, permitindo-se cumprir seu destino. A fim de fazer isso sem atrair resistência, o ego deve ser abandonado. Assim, você poderá ser um dos pilares de integridade, abandonando os padrões de pensamento destrutivos e condicionantes que até agora o impediram de transformar seu interior para que Eu possa restaurar em você Meu Reino Celestial.

Retorne a este livro sempre que necessário, interrompendo o impulso de ler outros que não o levarão a nada. Enquanto você lê, Eu o exorto a considerar cada sentença cuidadosamente antes de seguir adiante, fazendo uma pausa para permitir que o significado profundo de cada passagem abra seu coração e, assim, sua mente possa acordar para a luz, apagando o resíduo que o tem impedido de se lembrar da Verdade. Se você está vazio de preconceitos e sua mente está calma, entrará em ressonância com aquilo que EU ESTOU lhe apresentando e reconhecerá que era por isso que você clamava.

Eu não inundarei sua mente com fatos desnecessários nem o persuadirei a abandonar sua própria experiência, mesmo que a maior parte do que aprendeu até agora tenha sido forjada pelas crenças dos outros. Em vez disso, Eu pedirei que aqui você ignore tudo que tenha aprendido, já que o conhecimento é necessário apenas para que você sucumba à ilusão do mundo. De agora em diante, você sabe que é contraproducente continuar agarrado a essas crenças. Também não transforme o conteúdo do livro em outra religião, se sua intenção é despertar.

Você ficará maravilhado com o conteúdo deste livro, pois, de muitas formas, ele fala diretamente sobre a sua vida. É provável que você tenha passado boa parte dela tentando satisfazer aos outros e receber sua aprovação, descobrindo tardiamente a futilidade desses esforços. E agora você entenderá que a verdade deve vir de sua própria experiência direta, e não emprestada de crenças religiosas, da educação formal, da mídia ou do condicionamento social – que falhou em guiar a humanidade em seu estado de hipnose em massa lúgubre. A verdade também não deve vir do entorpecimento da mente, dos efeitos de estímulos que o bombardeiam da manhã até a noite, seduzindo-o ao consumo desenfreado e a tornar-se alguém que você não consegue sustentar; nem dessa imagem sombria da realidade que a humanidade sofre sob os efeitos de sistemas tecnológicos incoerentes, da economia global estéril e do discurso político reconhecidamente incapaz de tornar as pessoas mais capazes, de prover suas necessidades básicas e de gerar a informação vital para que elas sejam capazes de cuidar de si mesmas.

À primeira vista, o livro *Descubra o Deus que existe dentro de você* pode parecer a comunicação pessoal de um homem com Deus, mas, ao longo da leitura, você reconhecerá seu próprio Eu em ambas as vozes, pois elas são Suas, confrontando a ignorância à luz da Verdade. Por isso, Eu o encorajo a ler como se EU ESTIVESSE falando diretamente com você. Para compreender isso, primeiro reconheça que esteve fingindo ser um indivíduo separado, com uma *história pessoal*, como um ponto finito em um espaço infinito, enquanto na Realidade Você é o Espaço Infinito por si mesmo. Se isso soa estranho, continue adiante e Eu lhe mostrarei sua maior sabedoria, revelando a você o significado de EU SOU que agora lhe apresento.

As ideias aqui presentes foram projetadas para desafiar seu condicionamento, inclusive as indiscutíveis leis da sociedade, dogmas religiosos, ideais humanos há muito perseguidos e mesmo o seu conceito próprio de realidade. Talvez você já tenha se perguntado *o que é Realidade?* Se essa questão o intriga, então o que Eu revelo aqui irá despertá-lo da desinformação que acumulou até agora e que o tem mantido escravizado. De fato, o que você aprendeu no sentido tradicional não é nem mesmo verdade ou *Real*; o que você tem chamado de *realidade* é, na verdade, uma miragem sólida.

Então, *Esteja Presente*, enquanto Eu reitero pontos específicos e aparo densas camadas do ego, desmantelando das bases que têm suportado sua estrutura, e que nesse ponto o tem mantido à parte de Conhecer a Verdade de Quem Realmente É. Ler é como orar ou meditar. É permitir que esse *Processo* dissolva qualquer confusão e, assim, Você Saberá Que É Deus. Para entender isso, deixe que essas palavras penetrem em sua consciência para que essa Mensagem seja a semente da Verdade que Você plantou no momento em que desejou despertar para o sonho: e o momento é Agora.

capítulo um

EU SOU

Quem é este? Deus?
   Sim.

Então é assim que acontece?
   Nem sempre.

Bem, eu estou confuso e não sei quem sou.
   Você está certo disso?

Não, mas eu acho que sei quem Você é.
   Não há divisão: nós somos Um e a mesma pessoa.

Então, por que se preocupar com este mundo, afinal?
   Isso não me incomoda. Incomoda a você?

Totalmente. Eu estou completamente confuso sobre a vida.
   Bom.

Por que bom?
   Porque você está percebendo que não sabe nada.

É. É tudo... Eu não sei – inútil.
   O quê?

Eu, andando em círculos, a mesma coisa dia após dia.
   É isso. Nada mais.

Mas eu não sei que diabos está acontecendo e eu estou aqui falando comigo mesmo. Você é realmente Deus?
Tudo é Deus, então é melhor você parar de dividi-lo.

O que exatamente Você quer dizer por "Deus"?
Deus é a consciência do EU SOU, o estado Impessoal de conscientização. É saber que "Eu Existo". Na verdade, você não poderia nem mesmo ter essa conversa ou ler estas palavras se não existisse, porque primeiro você deve Estar em ordem para estar consciente de alguma *coisa*. Em outras palavras, a luz de sua consciência, Deus, deve sempre estar acesa ou nada poderia aparecer para você.

Tudo isso compõe a substância daquilo que EU SOU, o onipresente, o substrato invisível que descansa sob toda a vida e em todo lugar, como em uma tela de cinema cheia de movimento em si: a tela nunca muda, mesmo que as imagens mudem. Ainda na Realidade, a tela é a Autoconsciência; enquanto EU SOU observa sua criação por meio de você.

Por que EU não reconheço o que EU SOU?
A imagem do ator na tela de cinema está ciente de estar na tela? Além disso, o que está sempre aqui pode ser difícil de reconhecer. Se Isso nunca entra ou sai de sua vida, como você pode percebê-Lo? Como você pode Estar consciente de alguma coisa a menos que haja o Uno ciente de algo? EU SOU o UNO dentro de você – EU SOU o sentido da Consciência Eterna, Aquele que sempre Está. EU SOU Esse, que é imutável e consciente, mesmo que seu corpo, seus pensamentos e suas circunstâncias de vida mudem.

Por que é tão difícil reconhecer que Eu e Você somos um?
Um peixe só consegue saber que estava no oceano quando é tirado de lá, mas você não pode ser removido do oceano de consciência sobre o qual refletir e dizer: "Olhe, há consciência lá e agora estou aqui, separado Dela". Você está equipado com a capacidade interna de perceber que Você é consciente, então não há necessidade de *se* apartar Disso, nem se poderia fazê-lo.

Não há fronteira que você não possa atravessar, olhar para trás e dizer: "lá está". No entanto, ao aprofundar sua consciência de Si, você sente uma fusão de fronteiras imaginárias, em que o que tem forma encontrará o sem forma e Você se tornará consciente daquilo que Você é: Uno com Tudo.

Como eu posso ter certeza de que estou me comunicando com Deus aqui?
Isso lhe faz sentir Amor ou em ressonância com a verdade?

Sim. No entanto, como posso ter certeza disso?
Quando sua mente está calma, seu coração se abre e o indescritível o preenche.

Então, se eu não sinto Amor, não é Deus?
Não é o que você possa chamar de a mais alta expressão de Deus; EU ESTOU aparecendo para você de todas as formas possíveis; mesmo agora, EU ESTOU sendo percebido como um mero pensamento.

Então, Você é realmente Deus?
Como você Me imaginaria.

Onde você está?
Aqui.

E onde é aqui?
Em todo lugar. EU SOU o que é.

E como eu posso saber disso?
Como você acha que seria estar dentro do Sol?

Eu não sei, acho que seria muito brilhante e tão quente que não poderia nem mesmo ser sólido.
Você se dá conta de que está no Sol exatamente neste momento? Que o Sol estende-se para além de tudo de que você esteja fisicamente ciente? A única razão de você não reconhecer isso é porque lhe disseram de forma diferente. Ensinaram-lhe que você era um ser separado dele; o Sol está "lá em cima" e você está "aqui embaixo". No entanto, mesmo que você tenha sentido o calor do Sol, ainda negou seus sentimentos por causa do que lhe foi dito. Então, qual seria a sensação de estar dentro de Deus, como Deus?

Assim como acontece com o Sol, você foi ensinado que Deus está lá em cima e você, aqui embaixo. A maioria não consegue reconhecer esse fato óbvio porque a consciência interior é negada, tornando a todos insensíveis. É preciso ser ainda mais sensível para perceber a consciência do que sentir o calor físico, já que a consciência incondicionada não é determinada. Logo, quando alguém é incapaz de ter uma sensibilidade profunda, recorrerá à crença de que os outros podem ensinar sobre suas próprias experiências.

Isso é tão óbvio. Então, e agora?
Tudo e nada está acontecendo.

O quê?
Você disse: "Eu não sei que diabos está acontecendo".

Por favor, não faça isso.
O que é *isso* exatamente?

Que droga!
Confronte seu medo das palavras. Você deve encarar tudo que teme.

Eu não estou com medo, só me incomoda quando Deus pragueja.
Isso ameaça seu conceito de Deus.

É, acho que sim.
Então isso é bom, porque o seu conceito de Deus deve morrer completamente, ou EU SOU incapaz de aparecer para você como realmente SOU. Você objetificou Deus, que não é um objeto, e, então, prosseguiu colocando seus dogmas religiosos nesse "objeto". No entanto, EU SOU sem forma, logo "em que" você coloca suas ficções?

Eu pensei que Você pudesse Ser qualquer coisa que deseja.
Eu não desejo. EU SOU Infinito. É a alma que se esforça para tornar-se mais, portanto, projeta limitações para Mim.

Por que desejar torna-se mais uma limitação?
Desejar torna mais afirmativo que não se é suficiente; quando se afirma, faz-se sólido, manifestando essa ideia. É como a criação inconsciente trabalha:

sempre se afirma aquilo a que se dá atenção. Logo, cada pensamento e cada resistência a ele, se persistente, o torna real.

Como resistir a um pensamento que o torna real?
Você resiste a algo que acredite não ser real?

Eu acho que não.
O que você pensa cresce e se solidifica de fato. Além disso, quando você resiste a algo, isso se condensa em sua consciência, da qual o universo se origina.
Todas as ideias vêm *a* você, não *de* você. É isso, *você* é aquilo que acredita que é. E uma vez que pensamentos entram no cérebro, o intelecto avalia e julga cada um como bom ou ruim, prazeroso ou doloroso. Se ele os considerar prazerosos, eles se reciclam, energizando a criação com esse sentimento; se considerar dolorosos, o intelecto retém esse pensamento dentro da imaginação para avaliá-lo ou resistir a ele. A imagem do intelecto é então reforçada com a entrada sensorial e divide a percepção das experiências, convertendo-as em acidentes isolados; quando tudo isso acontece, é realmente Minha Vontade, e tudo está perfeitamente interligado.

Quando eu terei a clareza para saber que Sua voz é minha?
Agora. Você deve escolher isso por *si mesmo*.

Eu senti o desejo de crescer além da ideia de Você ser como um Deus pessoal.
Sim. Essa é a melhor maneira de olhar para o que EU SOU: manifestação interna, e não externa. Mas aproprie-se da ideia de que esta comunicação não poderia ocorrer se você já não estivesse ciente de que EU estou dentro de você.

Ficarei confuso se eliminar a dependência de Você?
A confusão é parte natural do processo de despertar, enquanto são transcendidos os conceitos religiosos de um Deus pessoal, para descobrir a Verdade do Deus Impessoal interior.

Então Você está dizendo que Deus não é pessoal?
EU ESTOU dizendo que EU não SOU uma pessoa.

Eu ainda sinto como se precisasse de SEU apoio.
Aonde eu possivelmente poderia ir? EU ESTOU sempre aqui.

Mas eu posso ficar sozinho se cortar o cordão umbilical?
Não há cordão. Nós somos Um.

Então Você me ajudará a Saber que EU SOU Deus?
Sim, como Eu venho preparando você desde sempre.

O que será diferente?
Você confiará mais na intuição, no instinto e no sentimento, e dependerá menos do intelecto. Tudo voltará a você porque a Verdade é a Sua Natureza. Se não tiver certeza, você poderá sempre meditar sobre o significado dessa passagem: *Descubra o Deus que existe dentro de você.*

Eu sinto isso.
Sim, porque é a Verdade.

Mais cedo Você disse que o intelecto é limitado. Por quê?
O intelecto é usado para interpretar relacionamentos e criar divisões; assim sendo, ele projeta erros, análises e estabelece fronteiras onde nenhuma realmente existe. Esta é a sua função como limitador primário do aspecto da consciência, então todos os medos e a ilusão nascem de suas interferências tendenciosas.

Deve haver uma razão para o intelecto agir assim.
Sim. O intelecto divide a mente, o que permite analisar, categorizar e julgar. Serve como uma ferramenta quando EU ESTOU expressando um aspecto limitado do Ser. Além disso, é desnecessário quando EU ESTOU despertando da ilusão.

Quando meu intelecto está ativo, como posso trazê-lo para a quietude?
Não tente tão duramente e tenha a intenção de saber que EU ESTOU. Tenha fé e, então, você poderá sentir que EU ESTOU em seu interior e receber-me.

E o que dizer sobre doar?
Viva para doar e você conhecerá a glória de Ser Deus.

Se eu estiver infeliz, como posso doar ou interagir com as pessoas e não ser um fardo para elas?
Conscientize-se da infelicidade e deixe-a passar. Além disso, não resista ou reclame. Você não precisa sorrir quando está rodeado de pessoas, apenas permaneça ciente de que EU ESTOU e entregue seus encargos a Mim. Simplesmente porque quando se Está ciente da *consciência*, não há necessidade de ser infeliz. Nunca.

Quando você Sabe que Você É Deus, deve doar, não porque é obrigado, mas sim porque não consegue conter a alegria que irradia para e ao redor do Todo. Isso é Presença, e ninguém pode oferecer nada mais valioso que a Presença. A carne pede que você doe de um jeito perceptível a olho nu, mesmo quando você sabe que Você É o "EU" sem forma e está doando A Si Mesmo para o Todo.

É bom doar aos sem-teto e aos animais abandonados?
Se assim você desejar, faça-o, contanto que não se sinta obrigado ou superior a eles enquanto estiver doando. A doação deve ser um gesto puro, não motivado pelo ego e pela autojustificação. Saiba que, sempre que sentir pena de alguém, é o ego o levando a ter piedade. Isso enfraquece e reforça a ideia de situação degradante para a pessoa que recebe, cimentando essa *realidade* na consciência. Piedade é arrogância disfarçada de compaixão. A verdadeira compaixão não é piedade de forma alguma, é ter as melhores ideias para todos. Isso tem tudo a ver com o Seu Interior.

Esse ideal é ver a todos como seres contentes e felizes, quer eles percebam isso, quer não. Dessa forma, você não projeta seus conceitos ou figuras da realidade em outras formas; em vez disso, tem uma imagem clara e amável deles que serve à sua visão mais elevada.

Percebi que Você não me trata como inferior nem mesmo quando peço, estou nervoso ou xingo.
O que é isso de "você" e "eu"? Não o trato como inferior porque EU SOU Você. E por que eu me importaria se você está bravo ou xinga? Enquanto você está envolvido pela paixão, um "xingamento" pode ser um modo genuíno de transmitir uma mensagem sem reprimi-la. Que maravilhoso é desligar-se das conformidades sociais e não resistir às suas emoções.

Então isso está certo para Você?
　EU ESTOU bem com Tudo; Eu Amo Tudo.

Isso me ajuda a não me sentir mais culpado.
　O verdadeiro pecado, como você diz, é não expressar a raiva quando o impulso surge, o que represa a emoção e faz surgir a doença. EU não ESTOU dizendo para você xingar o tempo todo. Mas se isso acontecer, não se reprima; reconheça que sou Eu quem ESTÁ cuidando disso. E policie-se para não usar esse tipo de atitude com a intenção de fazer mal aos outros. Se esse for o caso, a contenção consciente pode ser a ordem para não piorar uma situação.

capítulo dois

Religião

Por que vejo tantas pessoas deixando para trás a religião formal?
Religiões são as rodinhas de apoio para aqueles que buscam o lado espiritual da vida e de si mesmos. Estão fadadas ao fracasso porque a inteligência das pessoas evoluiu para além delas. Cada vez mais, as pessoas estão percebendo a Verdade sem precisar depender de organizações externas, que pregam suas crenças em vez de encorajar as pessoas a confiar em suas próprias experiências (quando a Verdade nunca pode ser descoberta de outra forma).

Toda essa repressão é sobre o quê?
Quando nossos sentimentos de culpa e o fato de sermos constantemente julgados tornam-se fardos extremamente dolorosos, eles são reprimidos, e o medo de ser exposto se manifesta como raiva, que, quanto mais reprimida, transforma-se em depressão. Esse é o motivo da depressão ter se tornado recentemente uma pandemia no mundo: a maior parte das religiões persuadiu as pessoas a acreditarem que é errado sentir raiva. Essa supressão torna-se uma doença, e a prescrição de antidepressivos é igualmente ignorante e fundamentada na ganância.

Como isso está relacionado com a religião?
As religiões moralizantes promovem a vergonha e, portanto, a repressão, que consequentemente se torna depressão. Pregar a moralidade é arrogância inconsciente. Essa arrogância implica que Eu não posso me expressar diretamente por meio de quem procura por direção. Então ninguém precisa usar drogas ou guiar os outros; em vez disso, ofereça sua presença amorosa.

Se as pessoas sentissem que estão sendo guiadas por Você, talvez não precisassem procurar por um guia em outro lugar.
Essa é a resposta padrão do ego. Perceba que uma pessoa só se vira na direção de outra em busca de conselho quando *se recusa a se render*. Pois, se o indivíduo se rende, onde está a necessidade de orientação, já que ele percebeu que não há outra?

É melhor esquecer as religiões formais e as regras do passado. O que Eu e você temos é privado, intransferível. Na realidade, espiritualidade não é reunir-se como gado para ouvir alguma pregação. Solte-se: jogue, dance, cante, faça amor, viva junto à natureza, ria, chore ou vá passear com seu cão no parque.

Tanto faz, contanto que você seja criativo e entusiasmado a respeito de todos os aspectos da sua vida. Viva apaixonadamente, sem arrependimentos. Permita-se explosões emocionais, permita-se explorar seu lado sensual. E, então, sinta o contraste de um novo mundo, não viciado em medos ou restrições. Pare de aprender sobre moralidade com seus pastores e vá experimentar a vida de verdade.

Mas eu fui a algumas igrejas divertidas...
EU não ESTOU falando somente a respeito de entretenimento, entenda. EU ESTOU falando sobre Verdade, Amor e Liberdade. As pessoas pensam que precisam ir a algum lugar para receber Minha Mensagem. Elas foram levadas a crer que dependem de fontes externas, quando EU sempre ESTOU no interior de cada um. Desconfie sempre do que o pregador diz, ainda que ele seja divertido, pois, se você não estiver consciente do contexto das palavras que ele profere ou do significado inconsciente do enunciado, poderá atrair consequências indesejáveis para si mesmo.

Você pode dar um exemplo?
Votos de casamento. Aquele que deseja liberdade não deve enredar-se em compromissos além do Agora. Você pode perguntar diretamente o que quiser a Mim; você não precisa de intermediário. Por que vir a Mim por meio de alguém quando você pode vir diretamente?

Talvez as pessoas estejam intimidadas por você, não é?
Sim, as religiões têm feito isso. Como podem se render se estiverem preocupadas? E por que você tem medo? Porque as religiões fizeram-no sentir-se

você ficar assim e isso não é amor de forma alguma, mas controle de comportamento. Muitas pessoas frequentam templos de adoração para *parecerem* mais justas, acreditando que Eu não saberei a diferença.

Por que requer minha rendição se Você é livre do ego?
Quem você está entregando além de Si? EU SOU Você e Você é Tudo que Eu sou. EU SOU a Presença Interior, sentida como "EU". Amando a Mim, você ama Tudo Que É, incluindo todas as coisas e todas as pessoas. Muitos foram ensinados pelas religiões a temerem a Mim, mas EU SOU o espelho no qual se reflete a sua própria Imagem e Semelhança. Assim sendo, quem olhar para o espelho, olha para si mesmo e também se verá em Mim. Amando Tudo em Si, a entrega acontecerá naturalmente.

Então as pessoas deveriam se desviar de Deus e ir direto para esse "Eu"?
Eles são a mesma coisa, de modo que você escolhe o que é melhor.

A Bíblia diz que Você é vingativo. É verdade?
Sim, EU SOU, mas você deve entender o significado da palavra se for usá-la. Ser vingativo é responder com igual medida; essa é a lei do carma. Quando você bate em algo, não machuca sua mão? É assim que você aprende a não bater. A superfície dura está ensinando a você: *Você ouvirá essa mensagem ou continuará se autoinfligindo sofrimento?* Ela é compassiva na resposta, até você aprender a amar e não ser agressivo. Você espera algo diferente? Como você pode aprender se Eu não refletir seu comportamento? Como você experimentará a Si se EU não FOR um espelho para Você? Eu tenho dito: *Faça aos outros o que você gostaria que fosse feito a você.* Por quê? Porque eles são Você. Uma pessoa só ataca outras quando espera que elas a ataquem, mesmo que os outros sejam Ela Mesma.

E o que dizer sobre a participação em um ritual ou cerimônia?
Se você é sincero em relação a conhecer a Si mesmo, deve ir além da religião como um todo e permitir que Eu o dirija de todas as formas. Rituais podem ser um *negócio* complicado, é melhor transformar seu interior e afastar-se desses sentimentos externos. Se você pedir minha ajuda, Eu o guiarei diretamente.

Mas não há nenhum benefício em rituais ou cerimônias?
As intenções por trás de qualquer ação determinam sua eficácia e utilidade. Em qualquer caso, pode-se perguntar: para quem esses benefícios ocorrem? A resposta é: "Para mim". Então, pergunte: "Quem eu sou?".

Sabendo que Você é consciência sem forma, os gestos superficiais que compõem as cerimônias e rituais são um processo de criação diante de um contexto, cujas funções limitam a estrutura. O maior dos contextos é EU SOU, que engloba Tudo, eliminando a necessidade de qualquer ritual, cerimônia ou outros sentimentos. Pergunte: "Qual é minha intenção na Vida?". Caso sua intenção seja saber a Verdade, então você não precisa abraçar nenhuma cerimônia religiosa nem seguir nenhum ritual. Essas coisas só sustentam uma falsa noção de escolha. O caminho mais direto para a Verdade é Saber que EU SOU, o que é ignorado por religiões, tradições e todas as ideologias superficiais. Como tal, cerimônias são para aqueles que querem fingir que algo está acontecendo dentro deles em vez de simplesmente assumirem a verdade. O melhor caminho para a Verdade é saber que EU SOU. Isso ultrapassa qualquer religião, tradição ou ideologia. Cerimônias devem ser frequentadas por aqueles que preferem fingir que estão envolvidos com a espiritualidade, em vez de realmente buscarem a Verdade em seu interior.

Uma vez, senti como se fosse o universo inteiro, como se eu estivesse iluminado, mas seis meses depois isso desapareceu. Por que isso aconteceu?
Foi exatamente como você imaginou que seria, certo?

Certo.
Se alguém está esperando que a iluminação seja uma experiência fenomenal, então será precisamente assim que se a experimentará. Isso demonstra como a intenção é poderosa, e se recebe exatamente o que se imagina. Esse grau de conhecimento sem um pingo de dúvida é a Fé. E isso é exatamente o que significa Ser Deus.

Você poderia explicar?
Iluminação não é uma experiência e não há "mestres iluminados". *Nenhuma pessoa pode ser iluminada* porque iluminação é um Acontecimento Impessoal que foi erroneamente rotulado como uma realização pessoal, quando, na

verdade, é o encontro de consciência com consciência; é Deus percebendo que é Deus dentro do corpo.

Assim sendo, aqueles que afirmam ser iluminados ou que permitem que os outros os tratem como tal, não são. Há só um "Mestre"; EU SOU. Assim, qualquer pessoa que adore os chamados "despertados" adora na verdade o ego tentando transformar um *nada* impessoal em algo pessoal. Como pode uma *pessoa* tornar-se iluminada quando a verdadeira definição de iluminação é o fim da individualidade?

Esse é um bom argumento.
O Senhor Teu Deus é Único, então todos os títulos e ídolos servem somente como uma distração até eles caírem. Se esse não fosse o caso, você poderia simplesmente substituir a procura pela felicidade no mundo pela busca em alguém, algum guru, mestre ou messias. Saiba que aqueles que procuram outros secretamente desejam ser adorados ou seguidos. É exatamente assim que as religiões atuam. As religiões aderem a uma hierarquia para que os indivíduos sejam identificados na escada de sucesso. Os membros das religiões colocam a si mesmos acima dos demais. Só seguimos aqueles que dão valor a isso. Se você deseja clareza, Ame a Si Mesmo e fique livre de adorar "outros".

Amar a mim mesmo não é vaidade ou egoísmo?
Não há nada de errado em Amar a Si Mesmo. O que leva ao sofrimento é o conceito de si próprio, mas se sua autoimagem *estende-se* e inclui toda a existência, então é uma alegria amar a Si.

Se evoluímos, o que dizer da criação?
Por que insistir em um ou outro? Veja o intelecto fazer sua teia, tentando encaixar-se no seu campo limitado de crenças. Criação e evolução não são nem mesmo polaridades que possam ser colocadas uma contra a outra, porque criação é uma Ideia, uma intenção experimental, enquanto evolução é a mudança de experiência dentro dessa Ideia.

"Criação *versus* Evolução" é apenas uma discussão que preenche as necessidades de conflito do ego, ainda que não se neguem ou contradigam uma à outra, de qualquer modo. Pelo contrário, elas dão suporte uma à outra como tijolos a um edifício. Criação não pode se manifestar sem evolução, caso contrário, ela seria apenas uma imagem estática dentro da criação. Sem a criação, não haveria necessidade de mudança, porque não haveria nada para mudar internamente. E o *nada* não pode mudar, a menos que se torne algo. Em cada caso, a criação tem ocorrido junto com a evolução da consciência sem forma, que é criação em si. Como tal, a criação é o macrocosmo da evolução e esta é o microcosmo da criação.

O que é mais importante: nascimento ou vida? Eles podem existir de forma independente?

Quando você parar de argumentar, descobrirá um novo mundo de ideias, um mundo sem conflito.

Criação é apenas um pensamento. Um nada que o Uno experimenta como alguma coisa porque a consciência está penetrando na medida em que Ele reconhece que todas as coisas são uma única ideia. Essa Ideia é EU SOU. Assim, nada é realmente criado na Realidade, porque não há começo nem fim, exceto na Sua Mente.

O que dizer da seleção natural?

Eu, o Uno Onisciente, posso e altero as espécies dentro da Criação de acordo com suas necessidades, mas o intelecto não consegue entender que isso não é previsível, então as pessoas debatem. Para aqueles que argumentam, Eu ofereço estas palavras: Vocês se opõem uns aos outros porque não sabem do que estão falando. Vocês confiam em suas crenças sobre qualquer coisa; qual é a necessidade de convencerem um ao outro de algo? Será que sempre brigaram pela crença em sua própria existência? Ou você não sabe ou não quer saber, mas não é necessário discutir. Qualquer um que afirme a verdade não conhece a Verdade – isso é certo.

Mas eu sei que a criação precede a evolução.

Não há antes ou depois porque não há nenhuma criatura como o tempo. Mesmo se houvesse, a existência precede a ambos, então, o que significaria? Nem a criação nem a evolução existem na Realidade, elas apenas aparecem como ideias em sua mente, como todas as ideias no reino da forma.

Por que não nos ensinam isso no ensino religioso?

Porque eles ensinam aquilo que acreditam saber, sem se preocupar com a verdade. Geralmente temos algum interesse secreto, queremos parecer inteligentes, queremos ser admirados.

Não quero ofender, mas... fui batizado como católico.
   Não exatamente.

O que você quer dizer?
   Um batismo ritual não é um batismo verdadeiro, assim como comer pão não é comunhão com Cristo. Um batismo não ocorre na infância, mas quando se alcança a maturidade espiritual. Além disso, o batismo citado na Bíblia não envolve jogar água morna na testa de um bebê, mas sim uma completa imersão do corpo no rio Jordão, que fica a 2.750 metros de altitude. Você já sentiu a temperatura da água de um rio a essa altitude?

Não, eu não senti. Por quê?
   Quando você sentir, entenderá o significado da frase: "E então ele sofreu".

Por que é doloroso?
   A dor é relativa para cada corpo e mente, de modo que, quanto mais ligado ao corpo físico você estiver, mais a temperatura da água causará desconforto.

Eu odeio água gelada.
   Sim, inicialmente é normal, mas depois você se acostuma.

E deve-se mergulhar o corpo inteiro?
   Sim, incluindo a cabeça, até que a liberação ocorra.

Eu posso fazer isso por partes? As pernas, o peito e depois a cabeça?
   Você verá quando chegar a hora, pois Eu o guiarei. Também é aconselhável que se esteja totalmente autoconsciente antes do batismo.

Eu não tenho de ir até o Rio Jordão, tenho?
   Não, você pode banhar-se em qualquer rio em grande altitude.

Mas Você disse que se incomoda com cerimônias e rituais...
   Sim, e isso não é uma coisa nem outra. Isso é redenção, então não transforme o ato em religião. Mantenha-o simples e privado, ou você ficará preso ao seu corpo e a verdade não entrará em seu coração.

E o que acontece depois?
Cada um deve ter sua própria experiência.

Alguns dirão que isso é blasfêmia, não é?
Sim, alguns egos dirão. Mas não se preocupe com o que é dito, pois tudo será revelado a quem tiver ouvidos para Me ouvir. Não importa se um povo acreditar que é o "escolhido" ou que é o "renascido", esses títulos não significam nada. A Verdade não pode ser simulada e Eu não posso ser enganado por escrituras que citam ou clamam superioridade religiosa – isso não ajudará.

Saiba que não há grupos especiais, organizações, cultos, religiões ou seitas privilegiados ou favorecidos por Mim, porque EU SOU conhecido por todos que carregam amor no coração. Renegue todas as reivindicações e pretensões e tome posse exclusivamente da Verdade.

Mas alguns acharão essa ideia muito oriental.
Sim, o ego sempre desvia a verdade e disputa trivialidades, em vez de contemplar a sabedoria que tem nas mãos. O ego prefere discutir sobre a origem da ideia, de modo que possa evitar considerá-la. Que diferença faz em que região do planeta isso foi ensinado se tudo vem de Mim? EU ESTOU em todo lugar. Então, como Eu disse antes, pense por Si mesmo.

O que dizer sobre o Dia do Julgamento Final? Haverá um Dia do Julgamento Final, não é?
Se Eu quisesse julgar, teria criado uma espécie de cada para evitar comparação. Não eliminaria a variedade e a multiplicidade, acabando assim com todo o julgamento? No entanto, em vez disso, Eu expressei uma esplendorosa seleção de diversidade, logo, você pode claramente reconhecer que Eu não julgo, pelo contrário, celebro a Mim Mesmo em todas as formas.

Então qual é o caminho espiritual mais elevado?
Todos os caminhos espirituais acabam falhando. Assim, voltando-se a si mesmo, você entenderá que é inútil procurar a felicidade em outro lugar que não seja o SEU interior. O grande obstáculo da realização de Si Mesmo é a arrogância, que nada mais é que a ausência de humildade. O seu maior

fracasso torna-se a sua maior vitória quando Você se entrega para descobrir Quem É; assim, tudo se torna Uno na Luz do Amor Eterno.

Então, todos os caminhos são perda de tempo?
Não há tempo e, em última instância, não há caminhos. Você já é tudo aquilo que está procurando.

capítulo três

EGO

O que exatamente é o ego no contexto espiritual?

O ego é um campo de energia identificado como o sentido de "mim" e experimentado como resistência. Ele perpetua a *crença* na vontade pessoal: a ideia de que uma pessoa possa, na verdade, pensar e atuar independentemente de Deus. Além disso, O *Ego Nunca É O Que Você Pensa Que Ele É*.

O ego é como o tronco de uma árvore, seus sistemas de crença são como ramos e seus pensamentos, as folhas. Tentar livrar a si mesmo dos vários pensamentos é como podar uma árvore, o que resulta em uma mente cada vez mais densa.

Então, como eu removo a árvore?

A solução é arrancar o sistema inteiro pelas raízes e troncos, e então render-se. Quando você se entrega, Eu a removo. Você pode também encontrar o "eu-pensamento" e perguntar: "O que é isso para mim?". Em seguida, *mantenha-se no "eu-pensamento"* com sua consciência, permitindo que ela o desfaça. O que sobrar é Seu Eu Verdadeiro.

O ego é o mecanismo primário de divisão dentro da consciência. Ele permite que os objetos apareçam separados do espaço que os rodeia e restringe o mundo em duas dimensões. Por meio do filtro do ego, o mundo é percebido como uma imagem plana, na qual faltará profundidade em suas dimensões, vivacidade e espaço. Portanto, aqueles que gastam longos períodos em ambientes fechados, no computador, vendo televisão ou mesmo lendo incessantemente, comprometem a consciência espacial vital e necessária para *perceber* que a forma é uma ilusão.

Se a forma é ilusória, então por que prestamos atenção nela?
Aqueles em cativeiro estão presos em um ciclo habitual. Quando o indivíduo acredita que é um corpo, sofrerá as aflições do corpo. O destino do corpo deve ser descartado, ainda que a pessoa se identifique com ele.

No entanto, se a forma não é real, como o corpo pode ter um destino?
Encontre o que é Real e você saberá como.

Você pode explicar melhor?
Forma é pensamento. Pensamentos são irreais. Portanto, o destino que existe no mundo da forma também é irreal. Mas não posso falar mais sobre isso, não adiantaria; você deve ver por SI Mesmo.

Você disse que o ego é resistência. Como?
O ego é a resistência ao Que É.

Mas como alguém pode resistir ao Que É?
Não aceitando o que está acontecendo e desejando ser algo diferente ou melhor do que é.

Ou maior?
Sim, ou maior.

O ego pode ser destruído durante o despertar espiritual?
Quem quer saber isso?

Eu.
Sim, e quem é esse "eu"?

Entendo o que Você está dizendo.
Em última análise, o ego é uma ficção, um pensamento por meio do qual EU ESTOU focando a luz da consciência para individualizar e expressar a forma. Isso é relevante por duas razões: primeiro, a luz focada é realmente composta da mesma consciência que a rodeia, então não há divisão. A segunda razão é ilustrar a maneira como a consciência penetra na forma enquanto passa por graduações de um único nível.

Se Tudo é Uno, o que é esse impulso do ego em ainda querer julgar os outros?
A consciência é neutra, então o julgamento é a projeção do intelecto. Quando você sabe disso, percebe que, ao julgar o outro, na verdade está confessando aquilo de que acusou o outro. Você não pode reconhecer algo no outro, a menos que isso esteja em você. Vocês são espelhos uns dos outros, então *você só ataca aquilo que teme em si mesmo.*

Qual é a razão disso?
O ego está interessado em conflito e não participará de nada que não seja de seu interesse. O problema é que o ego joga dos dois lados, porque, certo ou errado, provocará conflitos e manterá a separação desde que você se oponha a qualquer coisa ou escolha um lado, independentemente do que seja factualmente verdadeiro. Por outro lado, a maioria das pessoas também acredita que, se evitar o conflito ou agir conforme as leis de sociedade, estarão bem ajustadas, quando o oposto é geralmente verdadeiro.

Você disse que as pessoas só atacam aquilo que temem, mas por que alguém atacaria aquilo que teme?
O ego sabe que aquele que ataca acredita que nunca será *suspeito* de atacar o que, na verdade, é; portanto, que "Aquele que ataca é, na realidade, o vilão". Desse modo, se você pune os outros, inconscientemente crê que merece ser punido. Por desconhecer essa verdade, o indivíduo pune os outros em vez de punir a si. Isso não é um julgamento, pois amo Meus vilões tanto quanto amo Meus Heróis. Tenha sempre em mente que qualquer um que ataque ou julgue alguém *na verdade ataca ou julga a si mesmo.*

E se for autodefesa?
Seu Verdadeiro Eu não precisa de defesa, então é o ego por ele mesmo que procura defender-se. O ego ataca porque isso reforça a ideia do outro – a função do ego e seu *modus operandi*. Aqueles que procuram destruir o ego devem reconhecer a inutilidade de tentar fazê-lo. Isso é apenas uma tentativa do ego de fortalecer a si mesmo. O ego só se mostra como realmente é para se autodestruir, mas isso ele não consegue fazer nem é este o propósito verdadeiro de sua busca (que, na verdade, é não destruir, mas manter a atenção ocupada com qualquer coisa que não seja a autoconsciência).

Então você não deve procurar destruir seu ego. Em vez disso, Esteja ciente da afirmação EU SOU e isso bastará para transcender o ego.

Então, por que eu criei o ego?
O ego não foi criado; ele surgiu para permitir a experiência de individualidade e fornecer um ponto de percepção para entender a Si Mesmo. Conheça Seu Eu Verdadeiro, e o falso *eu* desaparecerá como a chama de uma vela sob o sol.

Então, o que devemos fazer para eliminar o crime?
A solução óbvia para eliminar um crime é eliminar a si mesmo.

Mas por que eliminar a mim mesmo?
O eu pessoal ou o "eu-pensamento" reforça o medo e o conflito. Isso perpetua a resistência e a oposição. Se não houver "eu", não haverá "outro" para se opor a nada. Assim, não teremos agressão ou crime.

Então, o que dizer do problema da criminalidade?
O crime por si só não é o problema; é um sintoma, a tentativa do ego de sobreviver e receber o reconhecimento que acredita que lhe trará atenção e o energizará. No entanto, isso não traz alívio para o problema real, que é a ignorância. Por ignorância eu quero dizer ignorar a Verdade.

O que ignoramos?
Isso pode variar muito. Quando alguém ignora um aspecto da vida, ignora também o amor. A ignorância é o oposto do amor para a humanidade, que, tornando-se inconsciente, tornou-se também medrosa e cega para o mundo e suas belezas.

Qual é a raiz dessa ignorância?
O desejo de controle e superioridade que se manifesta como ganância, luxúria, gula, inveja, vaidade, raiva e preguiça.

Você se refere aos sete pecados capitais?
Não há morte fora da identificação com o corpo.

Certo, mas são pecados.
   Defina pecado.

Algo que não devemos fazer.
   Bem, você não deve cometer pecados se deseja ser feliz. Pecados são ações que resultam do esquecimento do Seu Eu, que alguém identifica como corpo e fornece o falso sentido de identidade. Quando o indivíduo acredita em uma mentira, é arrastado para um ninho de outras mentiras, que sustentam uma à outra em uma espiral em direção à escuridão, que é a ignorância extrema, ou o que se pode chamar de "inferno".

Mas como ser estúpido faz de alguém uma pessoa má?
   Não faz. Não é possível. Ignorância não é estupidez, assim como consciência não é inteligência.

Eu pensei que consciência e inteligência fossem a mesma coisa...
   Em essência elas são – como o tolo e o sábio compostos da mesma causa-substância, consciência. Entretanto, funcionalmente falando, a consciência iluminada faz o corpo-mente se comportar com inteligência, quase da mesma forma como a ignorância leva ao comportamento estúpido e não inteligente.
   Aquele que é consciente tomará, *naturalmente*, decisões que são mais harmoniosas e adequadas para uma vida consciente, chamada felicidade. E isso o tornará inteligente. Mas aquele que é inconsciente ou ignorante geralmente toma decisões pobres que levam a consequências indesejáveis e à infelicidade. Um exemplo disso é um cruzamento de vias. O indivíduo consciente para e observa o tráfego antes de passar por ele. O indivíduo inconsciente... Bem... Você pode imaginar as consequências das ações dele em momentos críticos.

Como a ignorância pode ser culpa das pessoas se elas não escolhem a herança genética nem o ambiente em que vivem?
   Precisamente.

O que você quer dizer?
   Que não é culpa delas, porque não é culpa de ninguém.

Mas alguns têm de viver com as consequências de suas heranças genéticas.
O que você quer dizer por "alguns"? Há somente Um. Há... somente... Você.

Você diz isso, mas as pessoas continuam sofrendo.
Sim, até elas sofrerem o suficiente e desistirem.

Você quer dizer renderem-se?
Sim.

Isso não é justo. Alguns nascem saudáveis, bonitos e ricos, mas outros, não.
Todos são personagens na mesma tela de consciência. Não são reais, são imagens projetadas na *Realidade*.

Mas eles pensam que são reais, eles sofrem.
Isso mostra compaixão. Agora desperte para onde você sabe que todos esses personagens no sonho são parte de *sua* história.

Como assim?
Tudo é o que É porque *você pensa que É*. Se você não pensar que eles estavam sofrendo, eles não sofreriam. É sua crença que faz tudo precisamente ser o que É *para você*.

Então é minha culpa? Se eu pensar que eles são felizes, eles serão?
Não é culpa de ninguém. Apenas olhe, veja a Si Mesmo.

Mas eu não sei como mudar o mundo com meus pensamentos.
Porque tem fingido não Saber Quem Você É. Quando Sabe que Você É Deus, Você pode fazer como EU ESTOU descrevendo e todo o sofrimento desaparecerá.

Como eu paro de fingir?
Você decide.

Todos os meus amigos e familiares são personagens nesse sonho?
Bem, tudo é pessoal para *você*. Todos estão fazendo sua parte e cada um tem interesse em manter o sonho vivo. Cada um deles pensa que é um indivíduo com uma história pessoal, então os *outros* também serão.

E o que dizer dos animais?
Eles dão realidade à história, em certo sentido, *criando-o enquanto pessoa*, pois você se reconhece como diferente deles.

Tudo parece tão real.
Porque você pensa que é.

Como posso tornar isso menos real, como posso saber que estou sonhando?
Escolha achar que isso parece menos real e observe.

Deus, é como se eu estivesse escrevendo o roteiro do Universo inteiro.
Você está – é exatamente isso que EU ESTOU dizendo a você.

Mas por que eu?
Só há você.

E a alma, ela ascende?
Defina alma.

Eu não consigo.
Então que diferença faz se ela ascender? E para onde poderia ascender? Não há nenhum lugar para ir, você já está aqui. O Reino do Céu é aqui, Agora.

E sobre ascender na frequência de outra dimensão?
Há apenas aqui onde Você está, então tentar entrar em uma frequência mais alta ou ascender à outra dimensão é resistir ao Agora. Isso é uma tática do ego para mantê-lo preso à procura do melhor e do diferente. Tudo É, e tudo é Tudo que Existe, então aprecie o Que é e Você estará em toda parte ao mesmo tempo.

O que é a alma, então?
   Seu sentido individual de ser.

O que Você quer dizer?
   Tudo é Você, e quando Você deseja experimentar a forma, imagina a Si Mesmo como um ser individual. Se, no sentido individual de ser, você se identifica com a forma, um ego será desenvolvido.

Alguém pede para um ego ter forma?
   Não, ainda que o ego se desenvolva para assegurar a sobrevivência do corpo.

Todos são egos de medo?
   Sim, mas tenha em mente que Você não precisa identificar o que é ego ou o que é medo. O ego expressa uma compilação de traços de personalidade e comportamentos que reforça a crença na individualidade e dá origem à separação, por isso, o medo surge.

E eu sou o ego?
   Sim e não. Você é Todas as coisas e Tudo que elas contêm. O que há é o Todo Absoluto. O que Você É na verdade, em última análise, a fim de perceber a forma, é o que Você imagina que é um indivíduo. E assim o ego surge.

Como posso saber se isso é verdade?
   Você pode estar ciente tanto da forma quanto da consciência sem forma.

Existe um estado de Ser consciência sem forma, ciente de Si, sem se identificar com a forma?
   Sim, e EU SOU esse estado.

Como eu posso saber se Você é o ego ou não?
   Você não pode. Mas isso só poderia ser provado pela comparação do que Eu diria para convencê-lo e o que você acredita que o ego é. Se o ego é o ser ou "Eu", e você sou "Eu", isso faz de você o ego. Então, se você é o ego, como Eu poderia ser o ego, a menos que nós dois fôssemos o ego? E se você e Eu somos "Eu", isso faz de nós Um e o mesmo, ainda que a Unicidade contradiga o que o ego é.

Então, o que Você é?
Como disse, EU SOU Você.

E como posso saber se isso é verdade?
Descubra Quem Você É.

E por que eu faria isso?
Para criar novamente. O universo que Você está fingindo Ser é mais rígido do que atualmente pode imaginar, quando na verdade Seu verdadeiro potencial para criação é infinitamente fluido. Você deve deixar de se identificar com Sua criação atual, a fim de imaginar uma criação menos restrita.

O que Você quer dizer?
Você escolhe conscientemente seu caminho direto; do contrário, seus pensamentos inconscientes o levam a ter experiências indesejáveis. Isso acontece quando você se torna inconsciente e concorda em desviar sua atenção pelo capricho do ego. Você se adapta a essa situação, o que torna suas habilidades criativas extremamente limitadas e o leva a experimentar algo diferente do seu desejo.

Ceder aos caprichos do ego não significa que eu estou separado dele?
Não. Você É o Absoluto, o Onipotente, Onisciente e Onipresente. No entanto, existe mais do que um de você com simultâneas expressões dentro do Absoluto.

Essas expressões são imaginárias?
Sim, como tudo relacionado a Você.

Então, pelo que Você disse, o ego é apenas uma expressão, não o mal?
Não em última análise, porque Tudo é Você. Em uma escala relativa, no entanto, Você possui esse aspecto que pretende ignorar para permitir expressões infinitas, entre as quais está o mal. Por essa razão, é melhor olhar para além da forma e não rotular nada como mal se Sua intenção for despertar para o divino interior.

* * *

O que é intelecto?
    O intelecto é como uma mosca tentando sair de uma sala, dando encontrões no vidro da janela porque *pensa* que sabe como escapar. Incapaz de perceber o vidro, ela acha que não há nada ali, mesmo sabendo que algo a impede de sair voando. E, embora a porta da sala esteja aberta, a mosca não consegue achar o caminho para sair; está presa. Então, ela fica assustada e entra em pânico, jogando-se de novo e de novo contra o vidro, freneticamente. Quanto mais tempo ela fica presa, mais sua confusão aumenta. Ela não tem consciência de que, caso se afaste do vidro ou de alguma forma mude seu comportamento, poderá voar pela porta em direção ao céu aberto.
    O intelecto tem medo da mudança e de cometer erros, acreditando que só terá sucesso se tentar arduamente. Por isso, ele se torna frustrado e por fim fracassa miseravelmente ao tentar resolver problemas simples.
    Aqui há um enigma para meditar: Deus pode criar uma pedra tão grande que Ele não consiga erguê-la?

Isso não pode ser respondido, porque Deus não poderia criar uma pedra tão grande ou não seria forte o suficiente para levantá-la. Eu não sei.
    É isso que o intelecto não sabe, porque ele pensa no mundo linear do "sim ou não", do "isto ou aquilo", então não pode escapar da rigidez da construção mental dessa dualidade.

Então, qual é a resposta?
    Observe atentamente. Eu já lhe disse: o intelecto imediatamente irá pensar "Ah, isso é fácil" ou "Isso não é justo, Você me enganou", mas não é um truque. O que Eu estou dividindo com você agora é como pensar quando Se Sabe que é infinito.

Certo. Então, deixe-me fazer isso.
    Pode-se levantar a pedra se queira. Ou seja, se Ele escolher fazê-lo.

Isso é simples. É um modo completamente diferente de pensar. Então, por que Você criou o intelecto?
    Para conhecer a diversidade. O intelecto é o limitante, um filtro racional da consciência, então os pensamentos do intelecto não vêm direto da Fonte.

Como eu sei se um pensamento vem direto da Fonte?
EU SOU amor, então os pensamentos que vêm direto de Mim carregam a vibração do Ser. Se você está sempre confuso e não tem certeza, é desse modo que se reconhece a Verdade. Lembre-se, sua imaginação é ilimitada. No entanto, apenas aqueles pensamentos que surgem da quietude levam à libertação. Esses pensamentos podem ser usados para liberar toda a humanidade que você mencionou anteriormente.

Falando de libertação, por que o movimento hippie falhou?
Nada falha ou tem sucesso. Tudo é parte de um processo gradual, um eterno evento, então você não pode olhar para uma única peça de um quebra-cabeça e vislumbrar toda a imagem. Para um movimento gerar uma profunda mudança na sociedade, deve ser mais focado no intrapessoal do que no interpessoal, porque o ego é mais sutil que o corpo, então é impossível transcendê-lo se você estiver acenando as mãos e reivindicando, enquanto ele permanece escondido. É como lutar contra um tigre invisível quando se é desajeitado, visível e disposto a defender a si próprio.

Como assim?
Você deve voltar sua atenção para dentro, em direção ao reino da consciência sem forma, e confrontar o ego interno, não aqueles que parecem controlar as coisas e assuntos mundanos. O ego é bem-sucedido em atraí-lo para causas externas, como "Salve as baleias" ou "Ajude a frear o aquecimento global". Você está sendo atraído e morde a isca quase sempre, porque pensa que é a coisa certa a fazer, e claro que é; no entanto, está sujeito à ideia de que existe alguém fora de você.

Em última análise, a razão de alguém deixar de ser livre é que há muito protesto e reclamação e pouca introspecção e autoconsciência. Esse é o motivo de muitas revoluções não terem dado certo em longo prazo; no entanto, uma rebelião interior, motivada pelo sofrimento e pela angústia, ativa a verdadeira transformação que não pode ser contida pela defesa do ego.

Era essa a revolução com a qual os hippies estavam preocupados?
Não todos, mas alguns, porque muitos hippies tornaram-se distraídos. Eles protestavam *contra* a guerra, e resistir a qualquer coisa é armadilha, pois, se alguém luta por uma causa, seja ela racial, civil, política ou ambiental, ainda sim é uma luta.

Considere a hipocrisia de *lutar pela paz*. O fato é que todos os esforços humanitários são distrações para a jornada espiritual sob o pretexto da moralidade, então eles acabam falhando, porque, uma vez que você está lutando por uma causa, não é tão difícil simplesmente manipulá-lo por meio da criação de culpados, de vilões (como as grandes corporações), forças armadas ou fundações. Isso funciona como uma cortina de fumaça, que o impede de reconhecer que está sendo realmente coagido.

Portanto, isso fez o movimento perder a força?
No plano das aparências, sim, porque toda moralidade é exteriorizada, por isso, é uma forma de *autoengano*.

Como é um autoengano?
Se alguém embarca em uma missão para livrar o mundo do mal sem antes conhecer a Si Mesmo, projeta o mal no mundo enquanto tenta salvá-lo, o que só reflete o mal de volta, aumentando o conflito enquanto este indivíduo falha em atingir o objetivo.

Que é?
Felicidade, sempre o objetivo é a felicidade. O antirracismo é um exemplo perfeito disso, porque aqueles que pregam contra o racismo tornam-se racistas. Não há vítimas realmente, e tudo não passa do ego jogando com o simpático cartão "Ai de mim". No entanto, a vitimação só torna alguém fraco e inseguro. Então, deve-se perguntar: "Alguma vítima já ganhou a causa?".

Sim, no tribunal, todos os dias.
O que elas ganham?

Compensação.
Você quer dizer dinheiro ou vingança; mas estas não são compensações verdadeiras, porque recompensar a *vítima* sugere que sua carteira foi violada, não o seu direito de buscar a felicidade. O sistema compensa suas incomodadas vítimas com dinheiro, uma retribuição para pacificá-las enquanto não há justiça em uma sociedade que premia a perda da felicidade com dinheiro ou punição, mas, particularmente, essas coisas não podem substituir a felicidade. Essa conciliação só leva a sociedade em direção a uma ilusão maior, que reforça a crença de que o dinheiro pode comprar a

felicidade. No entanto, se isso fosse verdade, toda pessoa rica seria feliz, mas isso não acontece.

Certo, isso é verdade.
Todas as sociedades inteligentes aprenderam com a história. Sua história pavimentou o caminho para uma sociedade mais feliz? Sua incoerente tecnologia melhorou a *qualidade* de vida? Reclamar de lutas ancestrais remove o sofrimento ou justifica a autopiedade? Procurar água em uma miragem é compreensível na primeira vez, no entanto, você continua caindo nas mesmas decepções do ego?

O que devemos fazer?
Pare de reclamar, sobretudo dos outros.

Por que reclamar dos outros não resolve os meus problemas?
Veja por Si Mesmo. Todo sofrimento origina-se no enxergar o "outro". E se não há o *outro*, não pode haver você.

Então, eu nunca devo reclamar e só aceitar?
Quem você acha que está fazendo *isso* por você?

Eu não sei.
Não há mais ninguém, então todas as vítimas e mártires provam apenas uma coisa: não há meios de vencer uma luta. Lutar prova que você já perdeu. Você lutaria se *soubesse* que não ganharia? Você lutaria com um bebê? E por que lutaria, quando lutar destrói aquilo por que se luta (a felicidade)?

Então, eu pergunto de novo, o que devemos fazer?
Reconhecer que tudo está dentro do sonho e todos os personagens estão desenvolvendo um papel. E se eles pudessem fazer melhor, fariam.

Isso foi o que Sócrates disse.
Sim.

Mas eles o mataram.
Quem são eles?

Certo, ele morreu. Mas ele claramente não ganhou.
   Ganhou o quê?

A habilidade de buscar a felicidade?
   Ao contrário, ele já era feliz. E a morte é uma ilusão – Sócrates sabia disso.

Certo, mas por que alguém tentaria trazer a paz para o mundo se isso só trouxesse sofrimento para ele?
   Há quem saiba que a paz pode trazer a paz. Para essa pessoa não há sofrimento.

capítulo quatro

MORTE E DESEJO

O que está acontecendo? Eu me sinto miserável, eu quero morrer...
O que você acha que é?

A morte?
Sim.

O que você quer dizer por morte?
Desprender-se.

Do quê?
De tudo.

Como posso fazer isso?
Você não pode *fazer* morrer mais do que você pode *fazer* dormir.

O que devo fazer, então?
Permitir que aquilo que o prende se vá. Ou simplesmente remover o que o prende.

Você quer dizer à força?
Defina "à força".

Contra a minha vontade.
Há apenas Minha Vontade, então dizer *à força* é uma tentativa débil de tentar assumir uma vontade que não existe.

O que Você quer dizer? Ela não existe?
   Se você não tem vontade por si mesmo, como poderia haver uma força em oposição à sua vontade?

Isso não seria possível.
   Então, se você reconhecer que não pode fazer nada, a ideia de força ou resistência não pode ocorrer para você.

Então, se eu deixar a resistência, meu nível de consciência aumenta?
   Tudo acontece de acordo com o destino do corpo. Além disso, não há níveis de consciência. Tudo é Uno.

Então, o que eu deveria fazer?
   Saia de casa e você verá. Qual é seu desejo?

Você me diz que há apenas a sua vontade e, em seguida, pergunta-me o que desejo. Eu não entendo. Por que apenas não me diz o que fazer?
   Eu já disse.

Você poderia me dizer novamente?
   Saia do conforto de sua cadeira e de sua casinha.

Ok, mas quero dizer a respeito da vida...
   Se você tiver respeito à vida, deveria Vivê-la.

Eu não entendo.
   Quem ou o que é esse "eu" que não entende?

Eu não sei o que sou.
   Você é uma pessoa?

Eu acho que sim, o que é uma pessoa?
   Se você não sabe o que é uma pessoa, então não pode ser uma pessoa. Compreende?

Eu não sei; eu escolhi ser uma?
   Uma o quê? Você define a si mesmo com palavras que não têm significado preciso e, então, baseia sua vida e tudo em que acredita nessas palavras. Não se ganha sabedoria em uma premissa. O que é uma pessoa?

Um corpo humano?
　Um corpo humano é o que você é?

Não, porque eu estou ciente do corpo.
　Se você não é um corpo, você não pode ser uma pessoa de acordo com sua definição. Então, o que você é?

Um ponto de percepção?
　O que é um ponto de percepção?

Um ponto de consciência?
　Onde esse *ponto de consciência* surge?

Dentro.
　Dentro do quê?

Da minha consciência.
　O que é sua consciência?

A consciência sem forma?
　Sim, Você É sem forma... Consciência.

O que eu faço agora? Por favor, não me diga para não fazer nada e então diga para eu fazer qualquer coisa que deseje. Isso é uma contradição.
　Um paradoxo pode parecer contraditório.

Por que você não me esclarece? Eu sinto amor e clareza quando encontro Você, mas agora me sinto perdido.
　Por que você acha isso?

Não, eu não entrarei em outro diálogo.
　O resultado imediato do que você está pedindo resultaria na morte do corpo. É esse o seu desejo?

Não, mas Você não pode me dar liberdade sem matar o corpo?
　EU ESTOU fazendo isso de um modo que não agite a mente ou crie sofrimento desnecessário no processo.

É possível eliminar o sofrimento sem matar o corpo?
   Sim, como uma ideia é possível; na verdade, Eu já fiz isso. No entanto, você está vivendo dentro dos limites de sua mente agora, que, temporariamente, coloca limites no seu *ser*.

Eu libero todas essas limitações imediatamente.
   Certo.

Além disso, por que eu devo sofrer se desejo o prazer?
   Quando você se torna mais sensível ao prazer, também torna-se mais sensível à dor, à qual você resiste. Resistência sempre resulta em sofrimento.

Qual é a causa de minha resistência?
   Você mesmo.

Como?
   Por exemplo, você resistindo em mover o corpo.

Eu não desejo movê-lo porque Você não me deu o desejo de movê-lo. Você não reconhece meu desejo de parar o sofrimento.
   Sim, Eu reconheço.

Então, por que Você não acaba com meu sofrimento?
   Primeiro, você deve render-se.

Como?
   Desapegue-se.

Se eu soubesse como, Você não acha que eu faria isso?
   Talvez.

E qual é o problema com essas entidades saindo de mim?
   Elas são as várias cabeças do ego libertando-se.

Desde que fui ao rio, elas estão saindo de mim.
   É o corpo que entrou no rio, logo, quem é esse "eu" de que você fala?

Sim, quem? Deus pode me explicar isso para que eu possa entender tudo?
  Tudo É Deus.

Você me ajudará a descobrir isso?
  Você deve fazer brotar a energia para Conhecê-la.

Então, Você me dará energia?
  Movimente mais seu corpo e você a terá.

Mas eu venho meditando e procurando a Verdade por anos.
  Você evitou Minha questão anterior, mas já que está falando em termos de tempo, quantos anos você gastou entregando-se a prazeres corporais e ao conhecimento?

Por que isso importa?
  Para que alguém alcance a indulgência, é preciso liberar a bagagem que acumulou.

Mas eu era feliz antes.
  Antes de quê?

Antes de começar a dar atenção a Você.
  Pelo contrário, quando você começou a prestar atenção, como colocou, estava inconsciente de quase tudo, e pensou que era mais feliz porque evitava viver, resistindo a todas as experiências desagradáveis e aceitando somente o prazer.

Não é natural desejar só experiências agradáveis?
  Sim, no entanto, você não pode ser livre se resistir ao medo e à dor.

Bem, eu acho que é verdade.
  O que você tem experimentado é a liberação de eras de medo, dor e ignorância acumuladas.

Eu pensei que não havia essa coisa de tempo.
  Em última análise, não há. Então, você deve abrir uma janela no Absoluto, onde a Verdade pode ser conhecida, ou aceitar a bagagem acumulada como expurgo.

Como eu faço para abrir uma janela em direção ao Absoluto?
Isso é o que Eu tenho mostrado a você: é sobre o que fala este livro. É perceber o EU SOU.

Você quer dizer autoinvestigação?
Sim, isso ou entregar tudo que surge.

Quanto tempo demorará?
Quanto tempo você desejar.

O que Você quer dizer com desejar?
Em algum nível, deve haver um desejo de que o sonho continue, ou ele deixaria de ser como é. Manter sua mente nesse desejo é a mesma coisa que gerar uma resistência *negativa*. Sua esfera mental é o campo de jogo no qual o desejo se opõe às coisas a que você resiste, e assim o conflito de drama do ego continua até que o "eu-pensamento" seja lançado ou o mecanismo de desejo-resistência seja reconhecido.

O que é o mecanismo de desejo e como eu posso destruí-lo?
Desejo é uma ferramenta da criação; não pode ser destruído.

Então, o que é o mecanismo de desejo-resistência?
Resistência é tensão, então observe a dependência da *liberação da tensão*, ou prazer. Não há nada errado com o prazer, no entanto, quanto mais você o procura, mais resiste à tensão e à dor. Como os sentidos do corpo recebem vários estímulos, a tensão aloja-se no corpo-mente até um limite, no qual ocorre a liberação. Essas liberações forçam a mente a parar brevemente, permitindo vislumbres do estado inconsciente.

Isso não é uma boa coisa?
Sim, no entanto, o sofrimento ocorre se não conseguimos transcender a dependência do prazer. Caso contrário, o prazer passa a ser o foco da vida de alguém, permitindo que a tensão se acumule dentro do corpo-mente. Com o acúmulo da tensão, aumenta a identificação com o corpo. Quando alguém associa estímulo com prazer, uma obsessão por estímulos se desenvolve *em vez* do êxtase do estado inconsciente, que é anterior até mesmo à tensão.

Então, é assim que se desenvolve a obsessão?
Sim. E reconhecer esse mecanismo que surge é uma das chaves para liberar o ciclo de sofrimento.

O que causa o desejo ou a obsessão?
O medo condicionado de que você não é bom nem amado o suficiente. Esse medo gera desejo, então, observando seus desejos reprimidos, você se familiarizará com seus medos reprimidos.

Como posso saber se tenho desejos reprimidos?
Se você não está alegre, tem desejos reprimidos. Desejos reprimidos são, em última análise, a fonte de todo o sofrimento; assim, quando você experimenta completamente seus desejos, está no paraíso.

Tornar-se mais sensível influencia nisso?
Sim. Sua sensibilidade o ajuda a reconhecer conscientemente o mecanismo de tensão-liberação e o medo armazenado como tensão.

Então, a sensibilidade ajuda a transcender o medo?
Sim. No entanto, você não precisa tentar liberar o mecanismo. Basta estar consciente da tensão e apenas ir reconhecendo o medo, começar a desanuviar-se. Tentar livrar-se do medo, por outro lado, é o outro extremo, ainda que estar ciente sem nenhum motivo para transcender o desejo seja aceitação.

Observe que o prazer é tensão. Isso é muito óbvio durante a estimulação sexual, porque, como o estímulo-prazer persiste, a tensão é expressa pela respiração rápida e pela contração muscular que antecede o clímax.

Isso está relacionado ao sexo tântrico?
Sim, o sexo tântrico tem dois componentes primários: o primeiro deles é aumentar a sensibilidade e a consciência. O segundo é testemunhar a elevação e a liberação da tensão, o que determina a habilidade de alguém de flutuar sobre a crista do orgasmo. O principal foco aqui é manter o orgasmo em estado constante de alerta relaxado. Desse modo, há uma série de construções e liberações sem ejaculação, uma vez que a construção mais comum é a "intensificação" da liberação ejaculatória. A consciência dessa tensão e liberação permite que você identifique o mecanismo do desejo.

Além disso, intervalos de pensamento-livre durante a sustentação do orgasmo proporcionam vislumbres do Ser puro que, por fim, se estabiliza e torna-se constante.

Outro ciclo de tensão-liberação é revelado dentro da respiração, que inclui a tensão de inalar e também a liberação de expirar. Tudo na vida é um ciclo, então, tensão e liberação são encontradas em quase todos os lugares quando nos tornamos mais presentes.

Há mais alguns exemplos?
Ouvir música, observar pássaros ou mesmo a morte.

O que você quer dizer com observar pássaros?
Quando um pássaro se aproxima, há tensão; quando vai embora, libertação.

Isso é muito sutil. E o que dizer sobre a morte?
A morte é a última libertação e a ilusão suprema. Na verdade, a morte é ao mesmo tempo uma ilusão e o fim *da ilusão*. A ilusão é você ser um corpo, então você sofre as aflições e as circunstâncias condicionadas ao corpo com o qual se identificou ou ao qual se apegou. A morte pode ser comparada a sentar-se na caçamba de uma picape que se lançará do penhasco. Se você ficar sentado, também será lançado do penhasco, e terá o mesmo destino do carro; se saltar dele, então não será um problema, porque você pode se libertar antes da queda. Isso é difícil para alguém que não soltou o Santo Antônio – tubo de ferro localizado atrás da cabine para proteger em caso de capotagem – com antecedência, pois, com medo, pode-se agarrar mais desesperadamente no *pensamento* de morrer.

Como alguém pode saber o que faria em uma situação similar?
Aquele que resiste à dor é como alguém que está se segurando, se agarrando a algo, porque segurar é o mesmo que resistir a desapegar-se. A resistência é sempre dolorosa. Isso é um círculo vicioso; assim, se você resistir à dor, ela se tornará mais intensa, logo você resistirá ainda mais, até o ponto em que o sofrimento o fará render-se completamente.

A consciência da dor é útil com a liberação do que está preso ao corpo. A última coisa que você quer se estiver indo em direção ao hipotético penhasco é prender-se ainda mais em razão do que está preso ao corpo.

Mas eu tenho de estar consciente de algo.
Perceba que seu corpo não é eterno; ele um dia morrerá. Então, se você permanecer agarrado a ele, não irá relaxar, não aproveitará a vida e não estará consciente da *morte*. Você percebe que, em algum ponto, tem de se desapegar de tudo?

Sim.
Então, por que não agora?

Então, Sua questão é relaxar e não se apegar ao corpo na hora da morte.
Ou a qualquer outra coisa. Permitir que cada experiência pela qual você passe seja como a água escorrendo entre seus dedos. Quando você relaxa totalmente, não mais deseja prender-se a nada e percebe que tudo é a mesma substância – consciência.

Você disse que a morte é uma ilusão, mas pessoas morrem todos os dias.
Isso é um fato?

Sim, é um fato.
Da perspectiva de quem existe a morte? Do suposto "morto"? Como você pode saber se o outro está morto? Por que o coração dele e a respiração pararam?

Mas as pessoas voltam da morte para compartilhar suas experiências.
Se elas estavam mortas, como voltaram? E como elas vivenciaram alguma coisa se a morte é, presumivelmente, o fim?

Não, não foi isso que eu disse.
Então seja mais claro.

Quando você morre, está morto. Como posso ser mais específico?
Quando alguém tira suas roupas, para onde elas vão?

Para lugar nenhum.
Quando alguém se desfaz do corpo ocorre o mesmo, mas com a perda do cérebro, do corpo e dos órgãos sensoriais, que atuavam como um véu

sobre a Realidade. Você deixa de se mover e de perceber a existência do mesmo modo que antes. Você não se sente mais limitado. A diferença primária entre a *morte* e tirar a roupa é que, quando o corpo morre, você não experimenta mais a dor, a confusão ou o peso da gravidade, então está totalmente livre.

Para aqueles que já viram alguém morrer, na verdade não viram nada conclusivo sobre o que ocorre na perspectiva do "não cessado". Assim, um indivíduo que resiste à *morte* está apenas projetando seus medos no cadáver. Você já viu um cadáver e comentou: "Ele nem mesmo parece morto"?

Sim, na verdade, já pensei isso.
Porque eles não são o que você pensa que são. A realidade consciente do Ser libera seus limites imaginários, então Ele é tão irrestrito quanto toda a existência.

Então, não há nada o que temer na morte?
A morte é apenas a evaporação do físico, e se você teme morrer, passa a vida inteira preocupando-se em cometer um erro fatal se não for cuidadoso, o que é realmente apenas estar com medo. Bem, você deixa de ser como uma criança e se enche de medo até desaprender tudo o que aprendeu sobre a morte. A menos que você entenda que nunca morrerá, não vive realmente. Eu não disse: "Você não entra no Reino dos Céus até que se torne uma criança novamente"?

Eu estava pensando sobre a expressão "não cessado". Significa o mesmo que "não terminado"?
Sim, então, quando vir alguém tirar a roupa, considere quão tolo seria se você começasse a chorar. Além disso, quando alguém despe o corpo, permite que a consciência se expanda, pois é aí que se sente o verdadeiro Ser que permanece depois que o corpo *passa*.

Na verdade, o corpo nunca está realmente vivo, porque sem a vida, que é consciência, o corpo é sempre um cadáver.

Mas eu não me lembro de estar aqui antes desse corpo.
Você se lembra de não estar aqui?

Como eu poderia lembrar se eu não estava aqui?
Quando você diz "eu", refere-se ao corpo, mas o corpo é apenas um personagem no sonho, não é o Seu Eu Verdadeiro.

Imagine que é o oceano. Você não sente nada, ainda que tenha consciência de que existe. Dentro de você surge a ideia de um ser, uma água-viva, então Você imagina o que é ser uma água-viva, redirecionando Sua atenção focada no oceano para Sua atenção somente em ser uma água-viva. Sua ideia focaliza como Você imagina que É estar dentro de um ovo, enquanto Sua imaginação gera a história de vida de uma água-viva, permitindo que os tentáculos de Sua consciência se estendam ao longo de seu corpo. Você Se encontra imerso em todo Seu sonho de vida marinha, vivendo a vida de uma água-viva. Todas essas experiências surgem da Sua ideia inicial de ser uma água-viva e, quando Sua ideia desejada se completa, Você retira Sua atenção – o que os seres humanos chamam de morte.

Essa retirada de consciência do corpo não criaria separação?
Algo é retirado de você caso mude de ideia ou tenha uma nova ideia?

A ideia?
Para onde ela vai?

De volta à minha mente?
Onde fica?

Em todo lugar?
Sim, em todo lugar.

Eu já deveria saber disso.
As intenções dirigem Seu sonho de vigília, você estando consciente disso ou não. Você *sempre* é o Sonhador, então o Sonhador nunca muda, mesmo que o sonho mude.

E quando eu durmo à noite?
Como você sabe que estava dormindo se não estava lá consciente da mente adormecida?

Ao acordar, saberia que estava apenas dormindo.
Esse *saber* do qual você está falando é a memória, um pensamento. Isso não é sua experiência imediata, portanto, não é confiável.

O que é Isto que está sempre aqui e consciente de que você acordará quando você acorda?

O *"EU SOU"*?
Sim, o EU SOU.

capítulo cinco

DINHEIRO

Estou confuso a respeito do assunto "peça e receberá".
  Sobre o que especificamente?

Dinheiro.
  Mas você sempre teve dinheiro suficiente.

Ainda assim, quero viajar e me sentir próspero, até mesmo rico. Quero fazer coisas à vontade, sem restrições e nenhuma preocupação.
  Então faça.

Mas eu não tenho dinheiro suficiente.
  Se você está dizendo... Entretanto, você tem certeza de que quer todas essas coisas? Eu me lembro de você rezando por felicidade.

Sim, mas com dinheiro bastante para não ter com o que me preocupar.
  Você não tem que se preocupar neste momento.

Eu sei que não tenho, mas me preocupo.
  Por quê?

Sinto que estamos ficando sem dinheiro.
  Isto aconteceu *realmente*?

Não.
  Então, por que se preocupar?

Parece que nosso dinheiro está minguando.
    E como você se sente ficando sem dinheiro?

Não sei, com medo? Eu tenho medo de que aconteça.
    Não, sinta mesmo.

Isso não fará se manifestar?
    Só se você desejar ou resistir.

Sinto que eu estaria mendigando e as pessoas não me ajudariam.
    Eu ajudaria você.

Mas eu já pedi ajuda a Você e ela não me foi dada.
    E o que esta conversa significa? E mais, você alguma vez realmente pediu?

Não. Acho que nunca pedi com sinceridade.
    Obrigado por ser honesto.

Eu apenas não sei o que mais posso fazer.
    Não se preocupe, eu estarei com você.

Estará mesmo?
    Tem certeza de que é isto que você quer?

Eu só quero ser próspero. Isso não inclui dinheiro?
    Não necessariamente, mas pode, sim, incluir dinheiro.

Eu desejo ter tudo o que puder ter. Então, o que eu faço agora?
    Nada. Agora está claro para o Universo o que você deseja e assim Será.

Mas isso não é tudo o que desejo.
    O que mais?

Quero ser maravilhosamente feliz o tempo todo.
    Você acredita que, se for rico, será maravilhosamente feliz? É esta a associação?

Sim.
De onde veio essa associação?

Não sei, condicionamento da sociedade e da mídia?
Então, pare de concordar com essa ideia.

Como isso me ajudará a fazer dinheiro?
Não ajuda diretamente. Você acabou de dizer que queria ser maravilhosamente feliz, então estou dizendo a você como fazê-lo.

Mas como posso ser maravilhosamente feliz se estou preocupado com a sobrevivência?
Confie em Mim e eu trarei a você o que precisa.

Certo. Parece maravilhoso confiar em Você.
Eu sei, e posso sentir sua gratidão.

Então, por que este medo em relação ao dinheiro ainda está presente?
Todo seu medo é devido à ignorância, que desaparece com o Conhecimento da Verdade. Se EU SOU infinito, por que não lhe daria tudo o que deseja? O que eu poderia perder dando a você, já que EU ESTOU dando a Mim Mesmo? E, sendo assim, por que eu não lhe proveria tudo o que deseja?

Acho que Você daria.
Precisamente. Então, primeiro reconheça que EU SOU Infinito e *pense sobre o que isso realmente significa*. Depois, imagine o que quiser e suas preces não serão negadas.

Não quero dar atenção ao dinheiro, só desejo ser rico para não ter preocupações.
Você não tem de se preocupar, com dinheiro ou sem.

Já ouvi dizer e sei disso conceitualmente, mas...
Você também sabe disso por experiência. Quando presumiu que estava ficando sem dinheiro, começou essa comunicação e descobriu que EU ESTOU dentro de você.

O fato de eu pedir dinheiro O afastou?
Nada pode Me afastar. A preocupação com dinheiro desviou sua atenção temporariamente, então você ficou dividido. Não precisa sofrer, ainda

que invariavelmente sofra quando vive com a mente no futuro, pensando em todas as possibilidades do que *pode* acontecer.

Mas eu realmente preciso de dinheiro.
Não necessariamente.

Ter dinheiro é um obstáculo para a iluminação?
Como alguma coisa pode ser obstáculo para a iluminação, se ela engloba tudo que há? Iluminação é Autorrealização, então, como alguma coisa pode evitar que você seja Você Mesmo? Você não é sempre Você Mesmo?

Sim. Então, por que a pobreza é reverenciada pelas religiões?
Porque com frequência aqueles que têm pouco ou nenhum dinheiro sofrem, e assim são levados às religiões para buscar alívio. É raro que uma pessoa rica se envolva demasiadamente com religião, a não ser que se sinta culpada por ter muito, seja lá o que for.

Então, ganhar dinheiro ou ter dinheiro é bom?
Certamente, de onde você acha que ele vem?

De Você?
Precisamente, tudo vem de Mim. Mas uma coisa é uma distinção inteligente que você fez, sem querer, entre *ganhar* dinheiro e *ter* dinheiro. Na verdade, há um terceiro componente – talvez o mais significativo de todos: *gastar* dinheiro.

Mesmo? Por quê?
Ganhar dinheiro não é nada de mais, qualquer um dirá isso a você. E apenas ter dinheiro cria uma falsa sensação de segurança. Já gastar dinheiro exige criatividade – cria oportunidades e experiências. Cada vez que você gasta dinheiro gera uma oportunidade para alguém ganhá-lo e, consequentemente, também ajuda esta pessoa a evitar a escassez.

Então dinheiro realmente é bom?
Entenda, nada é bom ou ruim, mas se você pensar que algo é ruim, então essa coisa será assim para você. Por exemplo, você pode gastar dinheiro

para fazer belas músicas ou armas de destruição em massa. Você decide. A chave é não acumular. Qualquer situação econômica ruim é o resultado de pessoas competindo umas com as outras e acumulando dinheiro, assim estagnando a criatividade e a vida.

Mas os bancos não são basicamente criminosos?
Por ter o que você deseja?

Bem, não apenas por isso...
Nada é demoníaco em sua essência, tudo é aquilo que você pensa que é. Você consegue imaginar ter de fazer notas promissórias para todos com quem você troca bens e serviços? Seja grato aos bancos e a todos aqueles que sabem como gerar dinheiro, pois são modelos de prosperidade para você parar de se ressentir e de invejá-los e começar a imitá-los ou assimilar suas vibrações.

Nossa, eu realmente tinha entendido tudo errado.
Não, você está percebendo que tudo não é o que parece ser e isso é bom, pois aprender é bom. Logo perceberá que não sabe nada baseado em seu condicionamento e que tudo está perfeitamente alinhado com Minha Vontade.

E a ganância?
Ganância de quem?

Do mundo.
Já que o mundo é apenas uma projeção de sua mente, se você estiver vendo ganância, estará sendo ganancioso.

E o Banco Federal dos Estados Unidos, imprimindo todo aquele dinheiro sem ouro como lastro?
Que diferença faz se isso é feito de ouro ou do próprio papel? Sua crença é baseada no conceito de que o ouro é de alguma forma mais valioso que papel. Mas o papel vem das árvores, que sustentam a vida humana, assim, o que poderia ser mais valioso que papel?

E a desvalorização do dinheiro?
Dinheiro é tão valioso quanto sua ganância. Por que simplesmente você não dá a todos milhões de dólares, como no jogo Banco Imobiliário, e acaba com a ideia do dinheiro ser apenas para aqueles que têm prestígio ou para os pouco seletos?

Esta é a ilusão. Quem se importa com o valor do dólar, da libra ou do iene, se todas as pessoas concordam com isso? O sofrimento e a confusão relacionados ao dinheiro dependem do valor que você concorda em dar a ele. O problema é que a maioria das pessoas acredita que não tem dinheiro suficiente, e então dá valor excessivo a ele. Assim, medo e falta envolvem o próprio conceito do dinheiro. Esse medo leva à adoração do dinheiro, como temer a Deus o leva a adorá-lo. O obstáculo básico a respeito disso é que, enquanto você estiver adorando qualquer coisa, nunca poderá realmente saber o que ela é. Por exemplo, sua adoração a Deus o impede de perceber que Você É Deus.

Que irônico.
De fato, é a Grande Ironia da vida.

E os poderes que existem e o desejo ardente por mais poder?
Por que você se importa se outros têm poder? A não ser que você deseje poder?

Não sei, eu apenas não quero ninguém me controlando.
Pare de se preocupar em ser controlado. Ninguém pode controlá-lo sem sua permissão. Não há vítimas. É como alguém reclamar todos os dias por não receber o suficiente por seu trabalho e ainda assim ficar na mesma empresa por 40 anos. Se não gosta – saia. A Terra é um vasto palco com mais variedade e oportunidades para a expressão criativa do que se imagina. Saia de sua prisão autoinfligida e dê atenção apenas ao que deseja e por que é apaixonado; isso cobrirá o caminho para sua vida idílica.

Mas eu serei pago? Preciso de dinheiro para pagar minhas contas.
É precisamente isso que cria o medo da mudança – sua mentalidade limitada de tudo ou nada. O caminho é fazer pequenos movimentos. A transição gradual permite o aprendizado de uma habilidade e seu sustento, mas a maioria das pessoas acredita que é mortal, com uma vida finita,

então é como se estivessem tentando destruir o relógio. Você é eterno. Portanto, perceba Quem Você É e alcance a Presença para ver com clareza suficiente e lançar velas de modo apropriado. Muitos, contudo, estão correndo na direção contrária ou para longe daquilo que desejam, sem saber que caminho tomar na vida. Em vez disso, volte-se para dentro, para Mim, Seu Eu Verdadeiro, Eu o guiarei.

Já que Você sou Eu, diga-me por onde começar.
Maximize a eficiência em todas as áreas da vida. Assim que você remover temporariamente os fatores extravagantes de sua vida, reconhecerá que as verdadeiras necessidades são bem menores do que você imaginava. Quando você simplifica a vida, passa a reconhecer que já é capaz de viver com prosperidade. Entretanto, muitos se perderam por levarem a sério o jogo do "sou melhor que os outros".

Bem, claro, com todos os comerciais de televisão...
Está insinuando que os comerciais de televisão o fizeram comprar todas as coisas que possui?

Não, acho que não.
Ninguém pode compeli-lo a fazer nada, então pare de se preocupar com os outros e descubra sua verdadeira paixão. Depois, achará que este mundo é um lugar bastante hospitaleiro.

É verdade que a Terra está ficando sem comida e água?
Se você *acreditar* nisso. Ainda assim, a Terra é bem capaz de suprir a necessidade de alimento das pessoas. Além disso, a Terra não é sua fornecedora, EU SOU.

Como assim?
Dinheiro pode frequentemente obscurecer a necessidade, então as pessoas passam a focar no dinheiro em vez de se concentrarem naquilo que traz liberdade e alegria a elas, isto é, na oportunidade de criar o que desejam.

Mas algumas pessoas fazem o que as interessa.
Sim, e você perceberá a luz nos olhos delas e sua paixão pela vida. Elas não são escravas do dinheiro.

Ainda assim elas usam dinheiro. Algumas delas são até ricas.
Sim, mas você não está entendendo o principal. Elas não precisam de dinheiro. Sua intenção consciente de se expressar com criatividade deu a elas os meios para viver livremente e fornecer algo de volta a toda a existência, então Eu forneço a elas.

Sim, fornece dinheiro.
Observe o que acontece com os artistas que comprometem a inspiração para produzir o que vende mais (disco, livros ou quadros). Você sentirá uma mudança imediata na percepção artística, porque eles passam a focar em ganhar mais dinheiro, então o medo aparece na tela toda. Você pode até ouvir isso em suas vozes, nas letras de uma música que cantam.

Certo, eu já percebi isto.
Dinheiro não é errado, posto que nada é errado, mas para ficar livre da *dependência* do dinheiro você tem de mudar seu sistema de crenças no que concerne a ele.

Mas como?
Por exemplo, muitos filmes mostram pessoas ricas como más, o que afeta nosso entendimento sobre o dinheiro. Já que todas as pessoas são naturalmente amáveis e boas, isso cria confusão. Isto é, se elas se tornam ricas, não podem continuar boas. O conflito interior entre querer ser rica e boa criará confusão, o que se manifesta como ressentimento em relação a pessoas endinheiradas, impedindo que elas se aproximem daqueles que sabem *como* atrair a prosperidade material. Muitas pessoas têm conceitos sobre o dinheiro, o que as impede de escapar da pobreza conscientemente. Isso, por consequência, impede-as de se elevarem além do que o dinheiro realmente representa.

O que o dinheiro representa?
Liberdade e conveniência.

Mas e se eu não tiver dinheiro suficiente para sobreviver?
Esta é a raiz do que EU ESTOU dizendo. O que digo é que, quanto menos você focar em ganhar dinheiro, menos dispersa ficará sua atenção e mais criativo você será – atrairá mais prosperidade para si mesmo.

Ainda não entendi. Estou confuso e me parece outra contradição.
Sim, é um reflexo de seus conceitos sobre o dinheiro, então é necessário que você se reconcilie com isto.

Como? Meu instinto diz para eu me livrar do dinheiro, como fizeram Jesus, Buda e Ramana Maharshi. Eles nem usavam dinheiro.
Você não sabe disso e é irrelevante, porque eles viveram em sociedades baseadas em dinheiro. Então, se alguém usa dinheiro pessoalmente ou depende de outras pessoas que o possuem, não faz diferença. É necessário que você encontre harmonia em sua própria mente no que concerne a dinheiro, e que reconheça sua intenção de tê-lo. Por exemplo, uma coisa é ganhar dinheiro para aproveitar e fazer tudo o que se deseja, outra coisa bem diferente é acumulá-lo em resposta a uma necessidade competitiva de se sentir superior aos outros.

Ainda assim haveria algum conforto em saber que tenho milhões de dólares na minha conta bancária. Saber disso me daria também uma sensação de liberdade para poder fazer qualquer coisa que quisesse.
Sim, a liberdade de ser, fazer e ter coisas certamente estará presente. Mas com esse tipo de liberdade também vem o medo: "e se eu perder tudo?" ou "e se todos os bancos pegarem meu dinheiro?". Sempre que alguém desenvolve um apego a algo, não importa o que seja, vive com medo. Portanto, se sua liberdade é baseada no dinheiro que possui, você não pode se sentir verdadeiramente seguro ou próspero.

Percebi isso. Então, o que é a verdadeira prosperidade?
É viver o momento presente, saber que você pode ser, fazer e ter o que desejar – mesmo sem dinheiro. É saber que não está em perigo de ficar sem aquilo de que necessita.

E os desejos? Quero dizer, eu posso não precisar viajar para a Europa ou ter um carro esporte, mas eu desejo ambos.
Então peça e lhe será dado.

Mas eu não "preciso" disso.
Se você os deseja, então precisa deles para completar a cena de sua realidade que está tentando satisfazer, que é Minha Vontade.

Então, necessidade e desejo são a mesma coisa?
Nem sempre, mas neste contexto particular, sim.

Quando seriam diferentes? Que tipo de desejo não constituiria uma necessidade?
Um desejo focado em se sentir superior ou à parte de outras pessoas. Por exemplo, querer ir para a Europa e ficar em um castelo alemão para poder tirar fotos de si mesmo e se gabar para os outros sobre como você pode e eles não. Ou então, comprar um carro esporte só para poder se sentir especial por desfilar sua riqueza nas ruas da cidade como se fosse um prêmio, para parecer superior em relação àqueles que ainda não descobriram como adquirir riqueza. Sempre que fizer algo em resposta ao "outro", mesmo que sutilmente, você se sentirá deslocado e então não estará apresentando uma expressão criativa de alegria. Essa ênfase em se sentir superior ou melhor que os outros é o verdadeiro significado de "pecado" e, consequentemente, a causa de sofrimento. Então, o desejo não é errado. Na verdade, é bonito quando seu motivo é aproveitar a vida, mas este pode não ser o caso se você tratar os outros como inferiores para realizar seu desejo.

Muito bem. Então, o que exatamente está acontecendo com a economia?
Eu aumentei minhas expectativas, desejando que todos façam aquilo pelo que são realmente apaixonados, utilizando seus potenciais criativos. Isso ou a vida ficará progressivamente mais difícil e desconfortável.

capítulo seis

O CORPO

O que pode ser feito pelo corpo?
　Mova-o regularmente – o movimento do corpo o deixa mais alerta e altera a paisagem, o que também varia a frequência da mente.

E mudar a frequência ajuda?
　Sim, é semelhante a flutuar sobre algo fluido, boiar. Um peixe que vive nas profundezas do oceano terá experiências diferentes daquele que vive junto à superfície, então, mudando a profundidade ou a localização, sua experiência também será alterada. Da mesma forma, ao aumentar a frequência a pessoa é atraída para uma experiência variada e mais harmoniosa, e assim pode perceber que está além da experiência.

E se eu já estou vibrando em uma frequência alta?
　Não é *apenas* uma questão de frequência alta ou mesmo de aumentar a frequência. O fator essencial é a *mudança*, que abre espaço e previne a estagnação ou a identificação com o corpo.
　Mudança na localização é a mudança na frequência, que fornece profundidade, então múltiplas frequências oferecem diferentes pontos de percepção dentro da consciência, aumentando-a à medida que sua percepção de espaço se expande. Isso ajuda a liberar o nó em seu coração, que, muitas vezes, pode ser confundido com o seu senso de ser, porque, permanecendo parado, mais facilmente você confundirá a si mesmo com um objeto, quando na verdade Você é o assunto, não o objeto.

O que Você quer dizer com "assunto"?
　O testemunho da Consciência. Quando o corpo está se movendo, é mais fácil discernir entre o Eu Verdadeiro – em toda parte – e o falso eu, que

aparece como um movimento dentro do Verdadeiro. Isso ajuda a diminuir a identificação com o corpo.

Por que a identificação com o corpo é um problema?
Quando o corpo sofre, é porque se identifica com algo que também sofre. Se você acredita que é um corpo, também acredita que existe separado do resto, isolado, o que o impede de sentir que Você É o Todo.

Isso faz sentido porque sofro de compulsão alimentar. Eu tenho uma desordem?
Se você perguntar a um psicólogo, a resposta será sim, porque ele concordará que há algo errado com você e então cobrará 100 dólares a hora para descobrir o seu problema. Se perguntar a um professor de educação física, ele dirá que você come muito e não ingere os alimentos certos.

E o que Você diria?
Minha resposta é óbvia. Coma o que gosta e esteja presente enquanto faz isso. Se você sofre de uma compulsão, então mude de ambiente para facilitar a calma e a sensibilidade, mantendo maior Presença. Fazendo isso e hidratando-se direito, será mais consciente das compulsões alimentares.

Além disso, se o alimento parece velho ou tóxico, não o coma, porque parte do prazer da alimentação é o sentimento da comida, e não apenas seu gosto. Quando você se torna mais sensível, está inclinado a comer para nutrir-se e apreciar a intenção amorosa infundida durante a preparação dos alimentos.

Como isso difere de comer para ser saudável?
Comer para nutrir-se é uma bênção; é amar a Si Mesmo, enquanto comer principalmente para manter a saúde e prevenir doenças é patrocinado pelo medo da morte e dirigido pelo ego. Traga paixão para todas as experiências alimentares e desfrute cada uma.

Pare de se preocupar com gorduras, carboidratos ou qualquer outro componente nutricional. Tudo o que for feito deve ser comemorado com Autorrecordação, em memória a Mim.

Devo jejuar de vez em quando?
Você gosta de jejuar?

Não, não até o jejum acabar.
Viver no futuro é ignorar a beleza do agora, e a expectativa de resultados futuros no fim sempre irão decepcioná-lo. Os meios não justificam os fins. Se você não gosta de algo, então por que fazê-lo? Se você não aprecia o que está fazendo, então será motivado pelo medo e a experiência não o afetará. Então, quando estiver com vontade, coma – se não estiver, não coma.

O jejum não é uma boa prática para purificar o corpo?
O corpo já é puro. É o *pensamento* de que o corpo não é puro que faz dele impuro.

Mas a comida não afeta os pensamentos?
Sim. A alimentação influencia as qualidades sutis da mente, então esteja sempre consciente e bem-disposto e você selecionará naturalmente os melhores alimentos. Você não mais sentirá necessidade de analisar cada um deles.

Você pode me dar outras dicas?
Algumas comidas são usadas para anestesiar, então é sábio comer alimentos pobres em sal e açúcar, e livres de conservantes e pesticidas. Também é melhor comer em pequenas quantidades.

Jesus não disse para as pessoas não se preocuparem com o que comem?
Sim. Não se preocupe.

Quero dizer, por que dar atenção a este assunto?
Você fez questão, então quem está dando atenção?

Certo, bem apontado.
Se você sentir um amor constante em seu coração, então não há necessidade de dar atenção à comida. O mundo é diferente hoje. Quando Eu falei por meio de Jesus, tanto a tecnologia quanto a comida eram diferentes; havia menos influências prejudiciais. Também por isso Eu sugeri a você não ser tão dependente das escrituras do passado.

E o que dizer sobre os exercícios?
Exercício é útil. O mais importante é circular a energia ao longo do corpo, evitando que baixas frequências se enraízem. Isso o manterá longe da identificação com o corpo.

A questão é: o movimento específico revigora o corpo ou aumenta sua densidade?

E levantar peso, fazer musculação?
Mover objetos pesados pode ser benéfico. Mas não deixe que o aumento de massa muscular e da densidade do corpo se transforme em uma tentativa do ego de tornar-se "mais". Além disso, o *progressivo treinamento de resistência* implica em preparar-se para resistir cada vez mais em vez de cada vez menos, o que seria melhor quando *se* busca um não corpo.

Eu "puxei ferro" durante toda a minha vida, até recentemente.
Isso o fez feliz?

Não.
Então, por que você fazia isso?

Para ter boa aparência e atrair mulheres.
Sim, ainda que "boa" aparência seja questão de opinião.

Parei de levantar peso porque me sentia pesado e sem fôlego.
Sim, músculos grandes reduzem o fluxo de sangue porque contraem os vasos sanguíneos, impedindo assim que a energia circule de forma eficiente e chegue ao cérebro e a outros órgãos vitais.

Você me diz que eu não faço nada, mas o que eu faço é errado. Você não seria a pessoa que na verdade faz tudo errado?
Se você se lembra, Eu nunca disse que algo é errado. EU ESTOU apenas apontando áreas que você pode modificar para aumentar sua Autoconsciência *em conformidade com seu desejo de despertar.*

Por que me dizer o que fazer se Você poderia apenas mudar meus pensamentos?
Esses são seus pensamentos e, além do mais, se eu não tivesse mudado seus pensamentos você não poderia formular tais questões. Esse é apenas um dos muitos caminhos pelos quais EU ESTOU influenciando seus pensamentos neste sonho.

E o que dizer sobre a prática da ioga?
Sim, as muitas formas de ioga são benéficas.

Qual é a melhor?
A ioga que enfatize a Autoconsciência e uma atitude amável de aceitação frente à vida.

Isso faz sentido. Então, terminamos com esse tópico?
Por que a pressa? Cada momento é um novo começo e um final. Perceba como seus sentimentos de ansiedade roubam sua vida por puxarem constantemente sua atenção para o que vem depois. É como fazer sexo esperando o orgasmo. Correr para o clímax é como tentar fazer o gol sem aproveitar o lance. Além disso, se alguém gosta de jogar, não pode ficar fora do lance final. Essa é a razão pela qual divertir-se é ter também mais paixão, criatividade e sucesso.

Você se refere à sexualidade?
A tudo que você puder imaginar. Aqueles que vivem em função do futuro não podem desfrutar o presente porque não estão Aqui e Agora, onde está toda a diversão. Os que estão muito ocupados tentando chegar a algum lugar nunca aproveitam a vida verdadeiramente. É por isso que tantos na sociedade estão constipados – estão ocupados, correndo para terminar as coisas simples e obter algo diferente. Se eles apenas desacelerassem, reconheceriam o esplendor dos simples prazeres da vida.

Você tem se esquecido da felicidade porque está muito ocupado correndo para terminar o que está fazendo. Presumivelmente, assim você pode ir para assuntos mais importantes. Ainda que não haja nenhum, porque Tudo é igualmente importante; nada é mais significante do que qualquer coisa Neste Momento. Esta é a razão pela qual muitos não chegam ao orgasmo – estão procurando por ele, agarrando-se a essa ideia porque creem que o orgasmo é melhor do que o que vem antes dele. No entanto, o orgasmo é seu estado natural, então, quanto mais relaxado você está, mais propício a senti-lo você se torna, de tal forma que, quando relaxar completamente, em qualquer situação, estará em estado de orgasmo e em comunhão com Toda a existência. Você já reparou como até mesmo um movimento intestinal é agradável quando se está relaxado?

Por outro lado, a constipação está diretamente relacionada à prisão do passado e à sua história pessoal. Quando você se apega às memórias, projeta expectativas, seja em relação a um negócio, ao futuro de seus filhos ou mesmo a um evento esportivo.

No entanto, quando percebe que não há nenhum lugar para ir realmente, a constipação some e você entra em constante estado de clímax. Alguma vez você já pensou sobre o que ativa um orgasmo?

Estímulo?
Estimulação cria tensão, que, por fim, é liberada em forma de relaxamento. O relaxamento é o orgasmo. Assim, quanto mais relaxado se está, mais fácil será atingir o orgasmo.

Isso é um incentivo.
Sim, portanto, a chave para relaxar é Estar no momento presente e parar de correr atrás das *coisas*. Você só busca coisas porque acredita que elas não estarão ali quando você mais quer, mas elas estarão. Sempre há mais, qualquer coisa sempre estará disponível se você apenas tiver fé e souber que EU SOU seu suprimento infinito.

Aproveite a vida e terá tudo o que deseja. É importante entender isso. Muitas pessoas têm uma compreensão contrária a isso, todavia, acreditando que, se pudessem ter aquilo que desejam, aproveitariam suas vidas. É justamente por isso que as pessoas que têm mais recebem mais do que outras que não têm tanto e nem recebem tanto. Não porque não podem ter, mas porque *acreditam* que não têm felicidade. O universo conspira para tornar esse tipo de pensamento real, reforçando tudo que sustenta a infelicidade que eles sentem.

Por que o universo faria isso?
A Infinita Consciência conhece Tudo Que É, incluindo o que faz alguém infeliz, então Ela só está respondendo aos sentimentos de infelicidade de alguém para manifestar a crença dele.

Então, se eu procurar me divertir mais, a existência me trará mais diversão?
Essa é a chave. É como Isso funciona. Comporte-se assim e você terá tudo aquilo que pedir para Ser.

Isso é como o conceito Ser-Fazer-Ter?
Não tanto, porque o aspecto do Fazer dessa trilogia não é necessário. Apenas Sendo, você já Fez em sua mente. Na verdade, é possível *desejar* e *receber* simultaneamente enquanto se Está em constante estado de gratidão.

Como isso é possível?
Porque o tempo é uma ilusão.

Então, se eu não acreditar no tempo, posso ter qualquer coisa que desejar?
Indiretamente, sim. O que você deseja?

Eu quero ser o maior amante de todos os tempos.
Entendo.

Eu sei, mas o desejo está aqui. Como posso me desapegar dele?
Pare de *tentar* desapegar-se. Isso é como tentar tirar o nó de uma corda puxando fortemente dos dois lados.

O que faço, então?
Solte a corda.

Mas o nó continua aqui.
Esse é o ponto, o nó ainda está *lá* e não aqui. Você não identificará algo que está "lá" como sendo seu Eu. Apenas solte o corpo.

Isso não é como morrer?
Está morrendo pelo que você pensou que era.

Que é?
Uma pessoa pequena – mais especificamente, uma pessoa com um corpo pequeno.
Considere, você é alguém com um corpo pequeno? Você ao menos é pequenino? Se não, então o que você é? O que exatamente... é... você?

Eu realmente não sei dizer.
Você percebe que Você não é uma pessoa.

Sim.
Então, você não pode ser pequeno. Abandone essa pequenez de um corpo pequeno. *Isso não passa de um sonho.*

Ainda assim, eu queria estar livre de minha insegurança em relação ao meu tamanho; não importa o que eu faça para soltar esses pensamentos, eles permanecem no mesmo lugar.

Sim, isso é uma grande parte da coletiva psique humana, e assim tem sido desde os primórdios da humanidade. Cada homem teve essa preocupação, não importa o tamanho do corpo físico. Isso é *a última folha da parreira*, então, expondo isso, se colocará um ponto-final no problema corpo-tamanho para os homens e as mulheres.

Como essa insegurança pertence aos pensamentos femininos?

Como regra geral, as mulheres querem ser menores ou mais magras, enquanto os homens tipicamente querem ser mais altos e musculosos. Além disso, homens e mulheres são mais agressivos e menos sensíveis como resultado dessa supressão. Consequentemente, todos devem dividir esse fardo com a raça humana e o coletivo "precisa" esconder seus corpos, o que perpetua o ódio por si mesmo por se obstruir fortemente o chacra raiz, o polo biomagnético positivo dos homens, pelo qual a força da vida entra nos corpos. Quanto mais esse canal de energia é bloqueado, menos vigor e entusiasmo os homens expressam e mais energeticamente as mulheres serão drenadas.

Então, todos os homens têm esse problema?

Todos aqueles que pensam que são homens, sim.

Mesmo os homens grandes?

Sim – especialmente eles. A extensão dessa insegurança depende de com quem ou a que se é comparado. Todas as crianças são curiosas sobre formas e tamanhos, então, se uma criança compara seu corpo com o corpo já crescido do pai, ela inevitavelmente pensará que é pequena, mesmo que o corpo tenha se desenvolvido completamente, porque a memória aloja-se em sua consciência e, então, manifesta essa realidade.

Isso foi exatamente o que aconteceu. E, como eu amadureci, não importou se meu corpo cresceu, eu ainda me vejo como um menininho.

Sim, porque as crianças são particularmente impressionáveis até terem seis ou sete anos. É quando o ego exagera o tamanho da comparação, porque é um tamanho diferente de corpo a cada idade. A obsessão com o tamanho e a forma é um dos caminhos mais efetivos para *solidificar* a queda de alguém ao reino denso da matéria, no qual essencialmente os chacras entram em colapso. Talvez você não consiga ver isso ainda, mas foi necessário, a fim de se experimentar a Expressão Terrena da humanidade. Assim, quando o indivíduo se libera deste estigma, alcança uma das portas para a liberdade, tanto para homens quanto para mulheres, de maneira igual.

Mas alguns homens dizem que não são inseguros quanto ao seu físico.
Para aqueles que acreditam que estão imunes a esse tipo de insegurança, considere por um momento como você se sentiria se alguém com um corpo consideravelmente maior que o seu ficasse nu diante de seu/sua amante e provocasse excitação. Muitos homens afirmam que seu físico não é um problema; no entanto, até mesmo afirmar que não é um problema significa que há um problema. Caso contrário, por que se afirmaria que não é?

Orgulho não é a confirmação da superação desta questão, é prova dela, pois não se poderia ter orgulho a menos que o corpo fosse uma consideração em primeiro lugar.

Destaco essas coisas para que você não suprima essas emoções, que o mantêm ancorado em um inferno na Terra quando o Paraíso está aqui, neste momento. Apenas olhe além do véu de mentiras que a sociedade tem evitado – esta falsa autoimagem que cada um defende para se posicionar bem no jogo da superioridade. A constante tensão associada a esta competitividade é responsável pela ejaculação precoce e pela impotência, que podem ser remediadas por meio do confronto com a insegurança e desejo verdadeiro de aceitar os sentimentos ligados a tal insegurança.

Mas eu não sei de outros homens preocupados com o corpo.
Claro que não, você também está muito ocupado preocupando-se consigo mesmo. Além disso, você já viu propagandas para perder peso ou aumentar o pênis em seu e-mail?

Claro, todos os dias.
E isso mesmo sem as pessoas aderirem a esses tipos de serviços.

Bom argumento.

A maioria das pessoas está completamente inconsciente dessa insegurança e não pode nem mesmo começar a confrontar este medo até tomar conhecimento dele. A maior parte dos homens nem mesmo se torna *consciente* desse medo até que estejam velhos e no hospital, quando a enfermeira dá banho neles, e então não podem esconder mais. Nesse ponto, eles pensam: "Como eu poderia saber?". No entanto, isso não será verdade por muito tempo, porque agora eles terão de encarar o medo.

Sua disposição para enfrentar essa questão abertamente, em público, é necessária para o despertar da humanidade. Você deve tornar-se intimamente familiarizado com os aspectos sutis dessa insegurança coletiva.

Por que os homens corpulentos também se incomodam com isso?
O tamanho muitas vezes torna-se assunto de discussão para homens com corpos muito desenvolvidos, enquanto os que acreditam que seus corpos são pequenos demais farão piadas, negligenciarão o assunto e o ocultarão sempre que possível. Esperam até que o vestiário esteja vazio para se trocar, ou vão até o reservado para "incrementar" o corpo antes de tirar a roupa ou de "revelar" o corpo a uma amante pela primeira vez.

Milhões de pessoas fazem isso, porque a maioria não está disposta a falar sobre o assunto, apenas tecer os comentários e críticas de sempre.

Dessa forma, as questões referentes ao tamanho do corpo masculino são bastante diferentes das questões relacionadas ao corpo feminino, pois as mulheres são expostas ao escrutínio, não importa o que vistam, porque as proporções de uma mulher são sempre um pouco óbvias, incrementadas com a ajuda de uma cinta ou de um sutiã com enchimento. As mulheres são geralmente dimensionadas e categorizadas na sociedade, mas os homens conseguem se esconder atrás de suas camisas e calças soltas, acreditando que perderiam o *status* de *alfa* na sociedade se a verdade fosse exposta.

Raramente os homens revelam o corpo inteiramente; se o fizerem, serão rotulados como "pervertidos" ou "exibicionistas".

Você está sugerindo que estaria tudo bem se andássemos por aí nus?
EU ESTOU falando para você que, se fizer isso, tudo bem – não é o que o fará uma pessoa má. A verdade pode ser dura para muitos aceitarem – isso porque nada pode acontecer sem que você deseje. O que significa que uma pessoa não pode encontrar outra pessoa nua a menos que elas realmente queiram isso. As pessoas camuflam instantaneamente seu fascínio com a nudez por trás da fachada de gritos e gestos de desgosto.

Isso é significante, porque a nudez é, na verdade, uma forma de abrir-se. É o símbolo de tirar as camadasególatras da sociedade. Já o hábito de usar roupas é o símbolo para esconder a verdade. No entanto, isso não sugere que expor o corpo de alguém não possa ser também um ato para aumentar o ego, quando feito apenas por vaidade.

O sistema legal estabelecido não quer a nudez sadia, porque isso lhe tiraria seu *poder*, pois usar roupas e defender a "lei" coloca as pessoas em constante estado de medo, fazendo-as mais suscetíveis ao *controle*.

Eu o trouxe para esse mundo nu e você transformou a nudez em crime. Além disso, eu digo a você que o corpo é tudo, menos indecente. O corpo é o ponto mais alto de toda a evolução, o apogeu de toda a perfeição como Eu o fiz dentro da evolução dessa espécie. Você deve escolher escapar dos grilhões desse condicionamento de medo e amar seu corpo, porque se você não o amar, não poderá ver além dele. Você não pode ir além de algo até que o abrace, porque não pode conhecer verdadeiramente algo até que o tenha visto em sua perfeição.

Mas espere aí... andar nu em público?
Você acha que a humanidade estava vestida antes de cair?

Não, mas...
Nada de mas. Divulgue o que está oculto.

Você diz literalmente ou metaforicamente?
Como você desejar.

Você não está sugerindo que andemos sempre nus, está?
O que quer que pareça natural.

Bem, é claro que andar nu parece mais natural.
Então, você deve decidir. Estar nu fisicamente vem depois de estar livre do medo da nudez. Você temerá a nudez enquanto acreditar que é um corpo, pois quem é espírito sempre está nu.

Então, eu não posso conhecer o Paraíso até que esteja disposto a ficar nu?
Além disso, você deve estar quase completamente alheio ao corpo que existe mesmo quando se está nu.

Temos um longo caminho a percorrer até isso, não?
Não há "nós", há apenas "Eu". Seja consciente de seu Eu e isso acontecerá naturalmente.

Você continua usando a palavra "natural".
Quanto mais natural você é, mais sensível fica; quanto mais sensível for, mais feliz será. E quando você é feliz, está expressando Minha Maior Ideia. Na verdade, a felicidade é o único sinal verdadeiro de inteligência; não há meio mais preciso para medir a inteligência.

Por quê?
Porque todo mundo quer ser feliz e aqueles que são inteligentes sabem precisamente como serem felizes eliminando aquilo que não traz felicidade. Assim, todos que não encontraram a felicidade, independentemente de sua fama ou fortuna, não se tornaram inteligentes, porque ainda estão inconscientes do que traz a felicidade. Se alguém tem tudo o que deseja, mas ainda assim é infeliz, o que ele tem?

Quando você entende isso, perde todo o desejo de ter aquilo que não lhe traz felicidade.

Quero ficar livre de todas as minhas inseguranças com o corpo de uma vez por todas.
Por que você não gosta de seu corpo?

Gostaria que ele fosse tão musculoso que mulher nenhuma pudesse dizer "já vi melhores".
No entanto, se músculos fizessem alguém feliz, então qualquer pessoa que tivesse um corpo avantajado estaria extasiada, quando, na verdade, não está.

Não há nada errado em ter um corpo legal, mas você deve sempre estar consciente de que nada neste mundo é capaz de trazer-lhe felicidade.

Mas por que as mulheres desejam um homem forte?
Talvez algumas desejem, mas esse é apenas um pensamento irreal de manter sua identificação com o corpo. *Enxergue isso e você estará livre da obsessão.* Sejamos honestos, não é apenas uma questão de ser forte, mas o "maior". Nada satisfará o ego além do maior, mais rápido, mais rico, mais esperto, mais forte ou mais poderoso. Se você já ouviu essas palavras, está ouvindo o ego, porque são do vocabulário do ego.

Se alguém tem um milhão de dólares, mas seu amigo tem dez milhões, ele se sentirá inadequado. Ou, se uma pessoa tem um o corpo frágil, modesto, e vê outro que tem um corpo que chame a atenção por ser grande, irá esconder-se no canto da sala. Não é suficiente para o ego estar na média ou ser grande – deve ser o "maior". O ego nunca se sente satisfeito. Mesmo o ego de uma pessoa que busca a espiritualidade deseja operar milagres. Para ajudar? Não. Para sentir-se superior. Porque se você pode orar por poderes milagrosos, por que não orar para ter os mesmos poderes de cura, de modo a ser especial? O ego quer sentir-se mais espiritual, mais esclarecido, ainda que o verdadeiro esclarecimento deseje nada além de servir.

Se Você está fazendo tudo, então como eu posso ajudar aos outros?
Eu não disse ajudar, Eu disse servir. E por que não, se não há nada além do sonho de Seu Eu?

Por que esse sonho parece tão real?
Até mesmo a falsa realidade, se imaginada persistentemente, transforma-se em fato, no que você acredita. Assim, isso será feito para você.

Se um menino acredita que é pequeno, atrairá experiências que reforçam sua autoimagem, criando um mundo que sustenta o que ele acredita ser realmente. Como um fisiculturista com um braço de 51 cm de diâmetro que inconscientemente atrai alguém com um braço de 56 cm de diâmetro para seu treino, a fim de que possa sentir-se inadequado. O ego vê imperfeições em toda parte ainda que não haja imperfeições, porque os julgamentos podem surgir apenas de uma perspectiva limitada.

E o que dizer sobre a obsessão pelo corpo perfeito?
Reconheça que EU ESTOU expressando uma ilusão, e quanto maior a ilusão, mais profundamente imerge-se no sonho. Quando você acredita em uma ilusão, sua vida se torna uma mentira em Pensamento, Palavra e Ações. Não há *corpo*, isto não é parte da mentira – logo, a humanidade tornou-se a personificação da mentira, e agora o círculo de Saber a Verdade está se fechando.

Também sinto culpa por objetificar as mulheres e cobiçá-las.
Ninguém faz nada, então por que sentir culpa quando Eu Faço Tudo Que É Feito? Objetificação é parte do Jogo Divino, e é como dois espelhos

face a face, o masculino e o feminino refletindo a profundidade infinita do Ser. Você somente é objetificado pelos outros na mesma medida em que objetificar a *si mesmo*, assim todos que objetificam são objetificados.

Se você objetifica alguém, ou dá atenção a isso, então utilize essa oportunidade para amá-lo. Todo mundo quer felicidade e amor. Quando alguém está feliz, é amado; quando alguém é amado, está feliz; então o verdadeiro sinal do verdadeiro amor é a felicidade.

Mas eu ainda quero ser muito forte fisicamente. Ainda não estou certo se é a Sua Vontade. Penso que, se eu desenvolver um corpo robusto, estarei livre do desejo.
Isso não funciona exatamente assim.

Por que não?
Você deve estar disposto a render-se primeiro.

Eu tenho alguma resistência em fazer isso e não sei por quê.
Eu entendo. Você não sofreu o bastante.

Espere um minuto.
A que você está resistindo?

Eu realmente não sei.
Sua resistência depende de quem você pensa que É.

Então, se eu sei que Eu Sou Deus, não preciso mais resistir?
Precisamente.

Você me dará o pensamento de que "Eu Sou Deus"?
Eu já fiz isso, agora é necessário que você saiba disso.

Descubra o Deus que existe dentro de você.
A primeira parte dessa frase é a preparação para receber esta Verdade. A segunda parte é a declaração – EU SOU DEUS.

Pratique essa meditação repetidamente até que ela *se torne uma realidade em sua vida*. Seguir a declaração EU SOU torna-se um fato se ela for sentida persistentemente.

A ironia é que Você já é Deus, então, se Você Souber disso ou não, não importa, ainda é Verdade. Se Você não fosse Deus, não poderia sentir isso dentro de si nem poderia ter essa realização.

Você não pode fazer nada para eliminar minha obsessão pelo corpo ideal?
Renda-se e eu a removerei.

Mas o que eu posso fazer?
Seja grato por essa obsessão ter vindo à tona e não permanecer represada em você.

Esse é um excelente argumento. Agora, como devo render-me?
Você já fez isso, agora pare de ser tão severo consigo mesmo.

Mas eu me sinto tão dividido...
Uma nuvem que só pensa em condicionamento está cegando você. Apenas considere: se você quer construir um corpo musculoso para que possa, presumivelmente, *não* se identificar com ele, ou *não* dar atenção à forma, então qual é o ponto? Seu desejo de ter um físico sarado é só uma tentativa de manter viva a ilusão de ter um corpo maior do que o dos outros; para que você possa sentir-se superior a eles. Ao tornar-se superior, sua mente seria atraída para fora e, portanto, sentiria também inveja e ressentimento, e você não estaria feliz de qualquer jeito. No entanto, se você deseja ser realmente feliz, não deve criar distinções em relação aos outros. Na verdade, você deve se alegrar na realização de Ser uno e o mesmo. Portanto, se você deseja conhecer a Si Mesmo, é melhor não dar atenção aos limites imaginários que possivelmente focou certa vez.

Eu estou escutando o que Você está dizendo, mas Você me ajudará a perceber isso?
É simples, escolha entre a identificação com a forma – o que, nesse caso, é ter um corpo sarado – e saber que Você é Deus. Agora, se o seu intelecto não consegue reconhecer quão fácil é essa escolha, talvez você deva mudá-lo em vez de mudar seu corpo, certo?

Então eu escolho Saber que EU SOU Deus.
Você escolheu – sabiamente.

E agora?
Perceba que Você não é um corpo.

Como eu posso perceber isso?
Por meio da investigação. Quando você fala com alguém, com qual parte dessa pessoa está falando? É com o rosto dela? Com seu corpo? Com seu cérebro? Com qual parte exatamente?

Nenhuma parte em particular.
Precisamente. Porque assim como não existe uma localização isolada separada de "mim" nos outros, também não há uma localização específica para *você*. A ideia de que os outros e o seu eu possam ter um ponto específico de localização é suposição.

Mas eu estou aqui.
Sim. No entanto, a *maneira* como você existe é diferente da maneira como pensa.

Como é?
Se eu remover seus braços e suas pernas, você ainda existiria?

Sim.
E se eu prosseguir e remover os átomos de seu corpo, um a um, eu realmente encontraria um "eu" interior?

Não, eu acho que não.
Correto. Na verdade, mesmo se Eu removesse *todos* os átomos de seu corpo não haveria qualquer indivíduo, ou, mais precisamente, não haveria um "eu" para ser encontrado. No entanto, o Verdadeiro Você, a Consciência sem forma, permaneceria como uma testemunha de toda a investigação.

capítulo sete

Teoria da Conspiração

Há muitos dados conflitantes na internet sobre a escravidão humana. Em que devo acreditar?
Não acredite em nada – acredite em Si Mesmo.

Muitos seres humanos são obcecados pela ideia de serem vítimas de conspirações governamentais, extraterrestres malévolos, exterminação em massa, elementos marginais da Nova Ordem Mundial e outras facções subversivas. Agora, enquanto esses fenômenos podem ou não se manifestar, eles servem para chamar sua atenção para os reinos densos da consciência. Porque, se eles existissem, gerariam medo, o que seria o objetivo principal dessas "agências". Então, o não vazamento de tais informações atingiria apenas o quê – medo?

Para aqueles que aderem a essas conspirações atraentes, EU ESTOU deixando você saber Aqui e Agora que essas buscas são um beco sem saída.

Por que elas são um beco sem saída?
Porque a mente que se torna paranoica e delirante constantemente estará à procura da atividade anômala em tudo o que vê, transformando a vida em algo obscuro, quando na verdade Tudo É Luz.

Você pode não ter concebido que o Seu Eu Interior está além dessa ilusão, e assim se força a ver através do portal pelo qual se vislumbra a realidade. Como tal, isso não acontecerá até que reconheça que Você É Tudo o Que Existe e nada existe fora de sua ideia, assim sua consciência é convertida em um reino celestial.

Saiba que, lendo *Descubra o Deus que existe dentro de você*, você deve buscar a verdade, que só existe em comunhão Comigo. Para que consiga prender sua atenção para o que EU ESTOU lhe apresentando aqui, você deve chegar a uma bifurcação na estrada: ou alimentar sua consciência com pensamentos obscuros, acreditando que você é uma vítima de conspirações globais que visam a escravidão da humanidade, ou você pode *perceber* que já é a sublime consciência, que contém e percebe que todas as ideias são um mero sonho e que esses pensamentos obscuros são todos parte de Seu drama terrestre.

Este sonho está prestes a chegar ao fim. Por isso mesmo, acreditar que esses fenômenos são reais é irrelevante. O importante é que eles persistem nas frequências mais baixas do medo, com o pretexto de curiosidade, e servem apenas para enredá-lo em um labirinto do intelecto e sustentá-lo nas armadilhas favoritas do ego – a necessidade de estar certo, mesmo quando os outros o acusam de ser louco. Especialmente para, depois, gabar-se com o famoso "Eu lhe disse" e viver a fantasia na qual você, secretamente, acredita que é o grande herói de toda a humanidade.

Se você deseja salvar a humanidade de todos os males de uma exterminação em massa, venha para Mim, jogue-se na frente do altar da Verdade e sirva-se de Amor, não dessas ilusões do ego. Por que você não se sobrepõe ao medo e serve à Verdade, a única ideia redentora do Reino Celestial?

Abandone, portanto, todas as coleções de livros que você acumulou pensando na oportunidade futura de precisar deles para educar o resto do mundo. E, depois de livrar-se deles, volte-se para seu eu interior, porque EU SOU sua única salvação e a solução para o Armagedom antecipado, que é apenas um truque do ego para manter os crentes em quarentena e envoltos nas garras da mente, isolados "de todos aqueles que não acreditam ou entendem o que está acontecendo". E se o ego arrasta-se e afirma: "Ah! É exatamente o que o *poder estabelecido* quer fazer-nos crer", lembre-se de que Há Só Você e Tudo é um sonho projetado na sua consciência. Então, volte-se para si e, de fato, Eu lhe mostrarei que tudo isso é uma ficção.

E o que dizer sobre este ano?
O que especificamente?

Acontecerá alguma coisa?
O que você quiser que aconteça.

Então, acontecerá o que eu quiser que aconteça?
Sim, sempre foi assim.

O que Você quer dizer?
Você é Uno Comigo, então tudo que você desejar ocorrerá em algum grau ou outro.

Em algum grau ou outro?
Sim, tudo depende do grau de clareza do desejo de alguém. Se você tem muitos desejos, provavelmente eles entrarão em conflito uns com os outros, criando interferências devido à sobreposição de contextos. É como sobrepor um *slide* de fotos sobre o outro. Por exemplo, "eu quero pizza" e "eu não deveria comer pizza, estou ficando muito gordo". Essa confusão não o levará até a pizza. A primeira declaração, "eu quero...", afirma o seu desejo por pizza, mas a segunda fornece uma *razão* que o impede de desfrutá-la, o que impulsiona a ideia de não tê-la. Isso é não ter clareza quanto ao desejo.

Quando você tem clareza do que deseja e enuncia na forma "EU SOU...", esteja ciente daquilo que se opõe ao seu desejo e deixe essa oposição ir embora. Você deve reconhecer o sabotador e passar por cima dele a fim de elaborar ideias claras em Sua imaginação.

Que sabotador?
O ego ou o "eu-pensamento". Uma vez visto como a ilusão que é, tudo flui sem esforço para você.

Se não há "eu", quem sobra para perguntar alguma coisa?
Deve-se descobrir diretamente investigando-se "o que é esse 'eu'".

O que será encontrado?
Procure. É o único meio de saber. Todas as respostas verbais só alimentam o ego.

Então, nada de especial acontecerá este ano?
Só se você acreditar que acontecerá...

O que falar sobre as previsões, todas as mensagens e e-mails na internet?
São estratégias do ego.

Por que o ego patrocina esse tipo de coisa?
    O ano atual é um marco no tempo, o que é parte de uma ilusão, pois só há o agora. Então, o *evento* anual é um truque para você projetar sua mente para o futuro e ignorar o Aqui e o Agora. Mesmo que tal *evento* estivesse destinado a ocorrer, só prolongamos a ansiedade pensando além do Agora.

Por quê?
    O futuro é uma mentira, e concordar com uma mentira torna alguém inconsciente da Verdade. Todas as mentiras sustentam outras mentiras; é desse modo que o ego impede a mudança e prende alguém no passado. O ego é uma ideia de separação, com uma linha de tempo ilusória que engana para manter a pessoa presa em arrependimentos do passado e medos do futuro.

Como isso torna alguém medroso?
    Você é infinito e eterno, mas, quando essa limitação ou cisão ocorre em sua consciência e você se identifica com a mentira, fica momentaneamente preso em sua própria bolha criadora, que só reforça mais limitações e um grande senso de separação. É por isso que o mundo parece ser muito mais denso, porque essa mente particular ainda está gerando divisões e medo, o que é o oposto do que Você É Realmente – Indivisível e Amável.
    Parar de alimentar o intelecto permite resolver a inércia dos pensamentos passados. Então, por trás do "eu-pensamento", você pode reconhecer a cisão em sua consciência, de onde o medo surge.
    A partir da Consciência anterior a esse "eu-pensamento", investigue a seguinte questão: "Eu Sou o 'eu-pensamento' ou Eu sou a Consciência?". Se sua resposta for "Eu sou o 'eu-pensamento'", então sua ilusão continuará e você continuará a se identificar com o mundo, analisando e dividindo formas, o que só induz a mais sofrimento. Mas se sua resposta é "EU SOU a Consciência", então reconhecerá que Você é a corrente sem forma que engloba todo o universo.

Então, quando me dizem para eu me voltar a mim mesmo, o que isso significa?
    Estar ciente da Consciência. É permanecer atento ao Seu Eu, onde você não vê mais divisões ou percebe as coisas pelo filtro do "ego", colorido pela ignorância e pelo medo.

Eu só quero ser feliz.
   Você só é feliz quando conhece a Si Mesmo, e você só pode conhecer a Si Mesmo *sendo* Você Mesmo.

E o que dizer das pessoas que estão no poder e querem nos controlar com leis?
   Não as culpe. Elas não têm mais entendimento sobre o que está acontecendo do que qualquer outra pessoa, então só tentam agarrar-se à ilusão enquanto podem.
   Toda a humanidade está nisso junta, então você deve unir-se a todos por meio da compaixão e do amor recíproco.
   Outra chave importante é parar de julgar o desejo de outras pessoas e permitir que elas vivam a própria vida, percebendo que EU SOU AQUELE que vive todas as vidas.

E se alguém for violento comigo?
   Violência gera violência. Liberte seus próprios pensamentos violentos assim que eles surgirem e o vácuo trará alegria e paz a você.

O que dizer sobre ascensão global?
   É outro sonho; então, se você lembra que é o Sonhador e que não há na verdade nenhum mundo que ascende, pode permanecer acordado no sonho e não ser seduzido por outra ilusão de vestir o manto da idade com uma bonita etiqueta de *ascensão*, que por fim irá revelar-se apenas outra história de separação. O sofrimento só surge quando você acredita que é um objeto e opta por esquecer que é o Sonhador, escolhendo identificar-se completamente com *o corpo*, o objeto do sonho, e, assim, finge *não ser* a Consciência Sem Forma, o que Você é realmente.

Então, iluminação e ascensão são a mesma coisa?
   Não. Iluminação é a evaporação da individualidade e, assim, a percepção de que Você É Deus; ascensão é apenas um sonho construído nas fantasias de uma *experiência* mais agradável.
   Ascensão não é libertação; é trocar uma ilusão ou sonho por outra(o).

Qual o propósito deste livro?
   Lembrá-lo – o Sonhador – de que está sonhando.

Anjos existem?
Tudo existe. Seu desejo de experimentá-los permite que eles se manifestem no grau em que você os imaginou.

Há extraterrestres por aí?
Novamente, tudo existe – ainda que *eles* não estejam por aí. Isto é o que EU ESTOU revelando para você e nós ainda nem arranhamos a superfície do que o espera. Nada está por aí – Tudo está dentro de Você.

Por que eles não se deixam conhecer e nos ajudam?
Se eles não se fizeram conhecer, você não poderia fazer essa pergunta. E, precisamente, que tipo de ajuda você espera, uma abdução? A compreensão humana do que existe fora dos cinco sentidos do corpo é simplesmente limitada até o momento, e essa é a fonte de todo o seu sofrimento.

capítulo oito

HUMANIDADE

O que dizer sobre a humanidade?
A humanidade é uma ideia. Então, as características pessoais contidas nessa ideia determinam os parâmetros dentro do programa que está rodando em sua consciência. Cessar a identificação com a humanidade é estar livre de todas as aflições humanas e manter-se ciente de Sua Divindade.

Qual é a causa do sofrimento humano?
O sofrimento humano é causado pelas convenções limitadas com as quais a humanidade define a si mesma. A maior parte dos homens concorda que é mamífera, possui apenas cinco sentidos, precisa de ar para respirar, está sujeita à gravidade, limitada pela forma do corpo e pelos sentidos e precisa caminhar para realizar suas tarefas e missões. Eles concordam que precisam de comida, abrigo e água, acreditando que cada um deles é um indivíduo *à parte dos demais*, tem um gênero, reproduz-se sexualmente e estão sujeitos a doenças, sofrimento e morte. Os seres humanos reagem a impulsos de um cérebro condicionado e uma mente finita, então estão restritos a meios de comunicação verbais ou físicos. Acreditando em um espaço e tempos lineares, envelhecem e morrem. Dependem dos outros para serem felizes e concordam que devem trabalhar para ganhar dinheiro a fim de sobreviver.

Eles pensam que são limitados a um único corpo, conforme normas de prazer ou dor, e são suscetíveis à moralidade do bem ou do mal que, em suas mentes, fazem deles pecadores e imperfeitos, porque acreditam que são seus corpos. Têm inclinações sexuais, acreditam em punição e são competitivos em um mundo no qual a "sobrevivência do mais apto" é a regra. Nunca deixaram a Terra, mas insistem em ser a espécie dominante no

Universo e mesmo superiores uns aos outros, enquanto exigem reconhecimento por suas realizações, talentos, atributos físicos, nacionalidade e raça. São afetados pelas ações, emoções e sentimentos dos outros, então acreditam que são vítimas. São políticos, hierárquicos e dirigidos principalmente pelo intelecto e seus julgamentos, logo são dogmáticos e arrogantes, vivendo predominantemente de acordo com a lógica em vez do amor e da compaixão. Estão sujeitos a condicionamentos sociais; a maior parte é conformista, criticando e endeusando outros, enquanto se esforça para atingir a autonomia. O termo "individual" os faz sentir especiais. Eles resistem à dor e perseguem o prazer; assim eles são, em grande parte, consumidores ou "surrupiadores" e negam a divindade que os habita.

Eu tenho de dizer que isso é incrivelmente preciso.
Essas crenças, mesmo que você frequentemente não as considere, estão aninhadas em sua memória. Elas o mantêm fixado na consciência coletiva humana, juntamente com outros acordos das limitações da forma. Assim, pela sua identificação com a humanidade, você não apenas se coloca dentro dessa categoria de restrições, como também obedece às influências que agem sobre você. No entanto, por meio da plena perda de identificação com a humanidade, em um instante você poderá estar livre dessa escravidão.

O que é uma pessoa ou um ser humano?
Em um filme qualquer, olhe para a imagem de uma pessoa na televisão. Distante, ela só pode parecer real caso você venha a envolver-se emocionalmente com os personagens, ou se é absorvido pela história. Mas, se apurar mais seu olhar, encontrará apenas arranjos de *pixels* ou especificações de cor que voluntariamente concordou em considerar reais para manter-se entretido. Da mesma forma, as pessoas e todos os objetos são composições de átomos, ou *pixels* tridimensionais, em uma consciência holográfica. E são ainda mais persuasivos, devido à tridimensionalidade e ao envolvimento dos cinco sentidos – lembre-se, com os personagens da televisão, usamos apenas dois sentidos: a visão e a audição. Na verdade, você já percebeu que os filmes parecem mais elaborados e envolventes quando o volume está alto do que quando está no mudo? Agora, considere isso com todos os cincos sentidos envolvidos e a dimensão de profundidade e espaço.

Bem, se eu não sou uma pessoa nem mesmo um ser humano, então o que sou?
A Consciência Impessoal disfarçada de ser humano.

Como a Consciência Impessoal me faz parecer humano?
Você é a inteligência infinita pela qual a ideia e a complexa imagem humana emergem, expressando dentro dos limites da diversidade dos seres humanos a chamada *realidade*.

Essa ideia humana ou bolha contextual está dentro do EU SOU, assim como uma bolha está no oceano. Essas bolhas são contidas e completamente dependentes do oceano para existirem. Cada uma delas tem limites imaginários, parecendo isoladas, quando na verdade nunca existem separadas do oceano. Eu uso a palavra "bolha" metaforicamente porque neste contexto não falo de uma bolha literal, mas de ideias. Você pode, assim, visualizar bolhas com bolhas dentro, ou, nesse caso, ideias com ideias.

Por exemplo, *você* é uma ideia com Seu Verdadeiro Eu Interior, ou EU SOU. Esse EU SOU é infinito, a primeira e Maior Ideia; apesar de você *existir* como uma ideia dentro de Uma, você deve ter outras ideias. Nesse sentido, EU SOU é o Sonhador em *você* e você é o sonhador em outros mais, que também sonham. E assim infinitamente. Desde que Sua essência seja criativa, cada pensamento que Você tem cria um universo dentro de outro universo, como flores que nascem de outras flores da mesma raiz.

Essas ideias são sonhos que expressam, como uma pulsação dentro do EU SOU, que você é personagem em Seu próprio sonho, sendo capaz até de sonhar que Você está sonhando; assim, por isso, Você despertará para a Verdade do Que Você É Realmente.

No fim de cada pulsação há uma pausa, não no tempo, mas relativa à expressão, como a Presença que surge entre sucessivos pensamentos. Essa pausa não tem tempo ou espaço, ainda assim, Ela É. Depois dessa pausa, Você expressará outra ideia dentro da Grande Ideia – EU SOU – para a pausa ao final de cada Sopro Cósmico para aqueles ciclos intermináveis de experiência que estão chegando ao fim antes do próximo, quando você não pensará mais que é humano, mas *Saberá* que é Deus e que você está se expressando como um atributo vivo da constante e imutável Presença Absoluta do EU SOU.

Portanto, Você é o Infinito e o finito, o Eterno e o temporal, e, como um holograma, você é aquele de partículas de Infinita Luz, cada uma contendo Tudo que a Fonte de Luz tem. Você é minha Imagem e Semelhança. Você está dentro da Minha Imaginação e se expressa como Eu faço, enquanto finge ser exatamente o que EU ESTOU expressando como personalidade individual.

Você me ajudará a entender isso?
Certamente, mas primeiro se pergunte se está consciente.

Eu estou.
Então, torne-se ciente do que está *no* seu corpo físico – os pés, as pernas, a genitália, o ânus, o períneo, o abdômen, o peito, as costas, os braços, as mãos, o pescoço e a cabeça. Explore completamente o espaço *no* corpo.

Certo.
Agora, esteja ciente do que está *fora* do corpo – as paredes, a cadeira, a cama, as árvores, o solo e o céu.

O.k.
Há diferença entre a *consciência* que está no corpo e *aquela* que está fora do corpo?

Não.
Então a consciência é *a mesma consciência*, estando fora ou no corpo?

Sim.
Agora, se elas são a mesma consciência, tanto fora quanto no corpo, então estão *dentro* do mesmo campo de consciência.

Certo.
Este campo vivo de consciência é Deus, o que EU SOU, o que Você É. E quando não está identificado com a miríade de formas de pensamentos *nessa* consciência, Você se torna consciente como a *Consciência*.

Eu posso sentir que EU SOU a Consciência.
Sim, Você É A Consciência Sem Forma.

capítulo nove

FÉ E LIVRE-ARBÍTRIO

Eu sinto como se tivesse fé, mas como posso ter certeza?
Fé é a habilidade de render-se. Fé verdadeira é saber; é a antítese da crença e da esperança, que são, na verdade, *dúvida* inteligentemente disfarçada de fé.

Fé é como uma jogada ensaiada no futebol americano, quando o *quarterback* lança a bola antes que o recebedor se vire para olhar para ela. Há fé nas duas partes: no *quarterback*, que apenas joga a bola para o local ensaiado, confiante, porque o receptor demonstrou várias vezes que pode executar o combinado; e também no receptor, que apenas segue o programado, porque sabe que seu companheiro vai lançar a bola exatamente aonde ele está correndo. Se algum deles não executa o combinado, perdem a confiança um no outro e a habilidade de trabalharem em conjunto.

Quanto mais consistentemente eles mantiverem seus acordos, maior a confiança que desenvolverão, até que funcionem fielmente como unidade, ambos cientes de que a jogada é feita antes mesmo de manifestada fisicamente.

Fé é quando a ação ocorre sem esforço, sem pensar. A Zona onde tudo parece ir mais devagar, dando origem à precisão perfeita. Pensamento e tempo desaparecem, então Presença é tudo que resta. De fato, são momentos sublimes como esses que fazem toda a prática valer a pena, para que nesses momentos você esteja ciente de sua Unicidade Comigo. Ainda que não seja necessário gastar horas para encontrar seu Eu Interior, pois EU ESTOU sempre aqui. Então, quando você se esquecer de mim, durante os momentos da vida quando nada é claro e a confusão o oprime como se estivesse em um jogo no qual todos os jogadores são adversários, concentre-se. Dessa forma,

Eu poderei facilitar o processo e filtrar todo o barulho até você sentir que EU ESTOU dentro de você.

Esses momentos de comunhão são o que fazem alguém comprometer-se com longas horas de prática em primeiro lugar. Assim, cada jogada ou movimento torna-se uma meditação, criando uma oportunidade de conectar-se com a quietude interior novamente. Exemplos não faltam: seja na calma antes do *snap*, quando o *running back* escolhe seu trajeto ou quando o *linebacker* decide fazer uma *blitz* no último segundo da partida. A Presença durante esses claros vislumbres nas mais diferentes situações é que faz de alguém um deus entre os homens, proporcionando uma clara vantagem durante as disputas esportivas. Aqueles que conseguem manter esse nível de Presença estão no Paraíso por um minuto, até serem consumidos pela atividade mental de rotina, fazendo esses momentos preciosos serem reverenciados, falando deles como "dias de glória".

Eu forneço esses vislumbres a todos os atletas em um momento ou outro, e aqueles que conseguem atingir essa quietude com frequência sempre se sobressaem. Seja a cesta precisa na batida do cronômetro, um *home run* no último *inning* ou a conversão de um pênalti na prorrogação da Copa do Mundo... *Todo mundo* vive para "aquele momento no tempo em que Você é tudo o que Você pensa que poderia Ser", no entanto, esse momento está além do tempo e sempre disponível.

E para aqueles que nunca participaram de atividades esportivas, ou jogaram por apenas uma ou duas temporadas antes de se convencerem de que não têm a força, o tamanho, a velocidade ou a habilidade para continuar, Eu digo isto: todo mundo tem uma aptidão pela qual contribuirá com A Minha Ideia. Pois no interior da Minha Mente Infinita interior já vi um mundo onde todos estão desempenhando o papel que melhor lhes convém; então, não só esta posição em vida servirá a toda a humanidade, como também será exatamente o que seu coração deseja e pelo que você estava mais apaixonado. É por essa razão que EU ESTOU chegando até você por meio deste livro, para que você possa sentir o calor do Meu Convite e vir diretamente a Mim. Assim, EU poderei lhe mostrar que não o abandonei e que EU ESTOU aqui esperando seu retorno, para que EU possa preenchê-lo com Amor, Verdade e Propósito. Não o propósito egoísta que você previamente procurou para que pudesse apenas sobreviver, mas aquela posição no time em que *todos* estão jogando juntos para unirem-se pela fraternidade universal cósmica.

Sei que isso deve soar um pouco arrogante para aqueles que se esqueceram de Mim. Não presumo que você abandonará tudo pelo que *aparentemente* lutou apenas para manter a cabeça acima da água. Continue fazendo as mesmas coisas de sempre, se isso o agrada, e após chegar a Mim, com um sincero desejo de fazer Minha Vontade, Eu perfeitamente substituirei isso por aquilo que seja mais adequado ao propósito de sua alma. O que você saberá imediatamente, pois Eu farei seu coração cantar com o simples pensamento de cumprir a tarefa que lhe designo. E depois você não servirá a mais ninguém além de Mim, o Deus Impessoal dentro de você, e desejará apenas agradar-Me.

Como eu saberei a hora de Você me apresentar a este propósito?
Eu revelarei essas verdades quando você estiver adequadamente preparado. Há um tempo para cada coisa. E só assim você será capaz de receber o Poder de que Eu, em breve, irei dotá-lo. Tornando-se capaz de perceber minha presença em Você e de expressar Meu Amor a todos que encontrar, você os fará Saber que é Uno com cada um deles e que Você apenas estava fingindo não ser.

Porque, embora você possa acreditar que Me desapontou, não importa que mal você acredita ter cometido. Não importa quão grandes tenham sido as atrocidades que você inflingiu sobre os outros. Saiba que tudo foi necessário para que você encontrasse forças para libertar-se da ilusão.

Em breve, você descobrirá que não importa quais foram seus crimes, para o bem ou para o mal eles são meras perspectivas da mesma situação.

Assim, Eu o encorajo a olhar o mundo por meio de seus verdadeiros olhos – que são o "Eu" – e reconhecer que você tem jogado um jogo em que todos que você violou ou pecou contra não eram ninguém a não ser Você mesmo. Para reconhecer isso, você deve estar disposto a abandonar o mundo de limitações do passado, ou não poderá entrar no Paraíso dos Céus, onde o universo inteiro existe dentro de Você como Ideias únicas. Mas, se você insistir em manter sua delirante realidade enquanto "procura" pelo seu Eu Verdadeiro, permanecerá dentro de uma bolha, na expectativa de conhecer a grande expansão e profundidade do oceano. Solte sua bolha de limitação e perceba que todas as coisas são como bolhas dentro do Oceano Infinito que Você É.

Saiba que a fé é a chave para o Paraíso, e que essa fé deve nascer da humildade – se não for assim, não será fé de modo algum e Sua ideia de paraíso não pode tomar forma, porque a humildade é o solo no qual todas as ideias crescem.

Como o sucesso nasce do fracasso?
O paradoxo é que a humildade começa com a humilhação, como se fosse um fracasso neste mundo, mas, em última análise, leva à redenção, o que também leva ao nascimento de Seus sucessos finais e à Ideia Celestial.

Para despertar, Você deve reconhecer o obstáculo para Conhecer o Verdadeiro Você. Para a completa realização de seu desejo, é necessária uma clara imagem de Sua ideia.

A ironia da Vida é que seus fracassos o trarão a Mim finalmente, então Eu poderei aliviar todos os seus fardos e fornecer-lhe a Vida Eterna.

Então, como o livre-arbítrio se encaixa neste quadro geral?
Ninguém faz nada a não ser que seja Minha Vontade. Nenhum pensamento entra em sua mente, nenhuma palavra é dita, nenhuma ação é feita que não seja Meu Feito. Até que você Entenda isso, não terá mais controle sobre seus pensamentos, palavras e ações do que uma nuvem tem sobre sua posição no céu. De certa forma, EU SOU para o seu corpo o que o vento é para uma nuvem, organizando-o em tudo que você pensa que é ou parece ser.

Portanto, todas as formas, animadas ou inanimadas, são direcionadas exclusivamente por Mim, então nenhuma pessoa tem livre-arbítrio até eu fornecê-lo com um *sentido* de vontade e todos que creem em outra coisa sofrem. Toda a culpa e todo o orgulho são apenas uma fantasia do ego da vontade.

Mas vamos lá, nós temos algum livre-arbítrio?
Como um indivíduo pode ter livre-arbítrio se não existe indivíduo como tal?

Certo, mas quando eu desligo meu despertador pela manhã, sou eu quem decide desligá-lo.
Para desligá-lo, você deve ouvi-lo tocar e então vê-lo ou senti-lo; em seguida você pode desligá-lo.

Sim, e então?
  Você tenta escutar o despertador ou apenas ouve?

Eu acho que apenas ouço.
  Sim, porque ouvir não é algo que você faça, é algo que acontece. E quando seus olhos estão abertos, você tenta ver ou isso apenas acontece? Você já tentou *não ver* quando seus olhos estão abertos?

Não.
  Tente.

Então, eu vejo quando meus olhos estão abertos.
  Não é o fato de que você pode ver, mas de que não tem controle sobre o que faz ou não.

Certo, mas eu decido para o que olhar.
  Na verdade, seus pensamentos ditam quem, o que, onde e quando você olha para algo.

Como?
  Você decide quais pensamentos entram em sua mente? Ou quando eles entram?

Eu posso escolher olhar para uma imagem específica se eu quiser.
  Sim, mas por que esse pensamento em particular? Por que não olhar para a parede ao lado, em vez da imagem? O que, na verdade, determina *sua* escolha? Qual é o fator decisivo? Você olha agora ou um segundo mais tarde? Onde a decisão é realmente feita? Quando é feita?

Um instante antes da ação?
  Ainda assim, de onde surge o pensamento? Em um momento, a mente está vaga, então o pensamento lhe ocorre. Como?

Eu não sei.
  Correto, porque você não faz isso – *você* não faz nada.

Caramba. Então, por que eu estou aqui?
　Você é Aquele que testemunha a criação.

É isso? Eu sou um eterno espectador?
　Você é a Inteligência que dá origem às imagens na tela, mas ninguém faz isso – Tudo Apenas Acontece.

Por que eu penso que faço tudo?
　Porque você *pensa* que faz. A mente se projeta em sua própria consciência, atuando como um espelho do seu Eu interior e, em seguida, consciente de sua própria imagem.

O que dizer sobre sentir-se sólido?
　Sentimentos são apenas pensamentos. A terra do sonho não é sólida quando você está sonhando?

Sim, mas isso é diferente.
　Como assim diferente?

Porque eu estou dormindo.
　Não, você estaria sonhando, porque no sono profundo não há pensamento, então não há pensamento e imagens.

Mas eu ainda estaria dormindo.
　Defina dormir.

Quando eu não estou... acordado?
　Como você sabe que não está sonhando e que está acordado agora?

Eu apenas sei.
　Como? E quem é esse "eu" de quem você está falando? Não será esse "eu" apenas outro personagem no sonho? O Sonhador é a Consciência; não pode ser o corpo, porque corpos podem mudar dentro de sonhos diferentes.

Certo, isso é verdade. Então, eu estou sonhando agora?
　Quem é esse "eu"? É o mesmo "eu" que sonha?

Sim, quero dizer, sou "eu".
   Sim, mas é seu Eu Verdadeiro, a *Consciência Sem Forma*. Quando você acorda do sonho e ainda está aqui?

Eu estou.
   Sim, EU ESTOU.

Certo, isso é verdade – um bom argumento.
   Isso não é um argumento; você não apresentou uma alternativa.

Mas o que eu vou sentir, ver, ouvir, provar ou cheirar é sempre uma experiência tão real... quem diria que não é?
   O mesmo argumento pode ser apresentado a respeito de um sonho.

Ainda assim, as coisas são sólidas no meu estado de vigília, mesmo que no meu sonho elas não sejam.
   Sobre o que você caminha em seu sonho?

Sobre o chão... o chão do sonho.
   Você poderia andar sobre ele se não fosse sólido?

Jesus poderia.
   EU não ESTOU perguntando para Jesus, EU ESTOU perguntando para você.

Não. O chão só poderia ser sólido.
   Ou você teria de acreditar que ele é sólido. Toda forma é apenas um pensamento.

capítulo dez

A ILUSÃO

É verdade que toda forma de experiência é uma ilusão?
Isso depende do que você chama de ilusão. A maior parte das religiões chama o que não consegue compreender de ilusão ou milagre. Ainda que alguém Saiba o que é *Real*, entende que a ilusão é um jogo entre a forma e o que não tem forma, então mesmo o que não tem forma sustenta o espaço com a função de expressar a forma, o que faz tudo ser parte da ilusão. Uma ilusão não significa que não há algo aqui, mas que *aquilo que está aqui* não é visível. Então é a *Presença* permitindo que se reconheça algo no nada e vice-versa, porque o espaço entre as coisas não está vazio na verdade, e sim cheio de vida, pulsando, à espera de expressar-se.

Se o corpo é uma ilusão, como parece tão real?
Quando você sonha, é real ou é uma ilusão?

Então, você está dizendo que meu corpo é na verdade como um "corpo de sonho"?
Não, ele *é* um corpo de sonho e Você é o sonhador. Você é um nada sem forma sonhando com alguma coisa.

Como isso é possível?
Você consegue reconhecer um sonho?

Sim.
Então você percebe uma ilusão. E também o corpo. Quando Sua atenção foca-se em algo, Você vê através da ilusão, descobrindo somente a Verdade.

Que é?
A Verdade não pode ser dita.

Eu entendi isso, ainda assim, por que não posso dizer que tudo é uma ilusão?
A não forma e a forma estão perfeitamente interligadas. Por isso, a ilusão parece *real*. A esponja está no oceano e o oceano está na esponja.

Então, na verdade, eles não podem separar-se?
Correto. Deixe que o oceano simbolize a consciência pura e a esponja, o corpo. A esponja parece sólida, mas só parece. Ela não é. Porque o oceano permeia sua totalidade. Apenas sinta isso.

Sim.
Embora Você possa acreditar que é a esponja (corpo), na verdade é o oceano que contém a esponja. Então, quando o oceano olha para essa esponja, pensa: "Eu devo ser a esponja". Isso nada mais é do que a ilusão assumindo o processo, e então o oceano é ignorado.

O que acontece depois?
Uma vez que o oceano permite-se abandonar a identificação com a esponja, ele se tornará consciente de Si novamente.

Mas a esponja continua parecendo real, não é?
Se Você focar na esponja, sim, ela deve parecer real; do contrário, Sua atenção se voltará ao oceano. Assim, direcionar a consciência de alguém para uma única gota d'água é torná-lo essa gota, que em última análise é todo o oceano.

Então, formas e coisas apenas parecem apartadas de nós porque não podemos ver os espaços entre nós e elas?
Sim. Continue a imaginar que você é o oceano Infinito e perceba apenas a água. Você não pode perceber nada além do oceano, que representa a absoluta consciência sem divisão. Quando coloca a máscara de mergulho, você passa a perceber as coisas e as delineações entre elas. Acessando o intelecto, você *pensa* que está separado do objeto, então fica em pânico porque esquece que está usando a máscara.

A máscara, ou ego, age como uma lente no potencial infinito, que lhe permite experimentar os aspectos finitos do seu Ser. Ela restringe sua percepção da água entre as imagens, persuadindo-o a sentir *os objetos* como se fossem separados. A confusão no cérebro e nos sentidos físicos se aprofunda, fazendo-o ignorar sua intuição, imaginação e sentimentos, que parecerão menos essenciais, limitando-o a essa percepção ilusória.

Como as formas do pensamento parecem sólidas?
Quando os pensamentos se cruzam, diminuem a velocidade, como um feixe de luz que só forma uma imagem quando atinge a parede. Quando isso ocorre na consciência, o universo parece um oceano de ideias entrelaçadas, em que a realidade é baseada em sua *vontade* de acreditar que pensamentos e imagens são sólidos.

É importante saber disso?
Sim, isso vai desafiá-lo e o levará a questionar a *realidade* da forma. Até que você questione todas as aparências, acreditará, inicialmente, que é atraído pela ilusão. Só então será capaz de esquecer que o que você *pensa* é real e Conhecer a Realidade.

Como isso me ajuda a esquecer o que eu penso ser real?
Desafiar suas crenças libera o passado. Sua história passada é uma ilusão, em que todas as memórias são pensamentos e todos os pensamentos são memórias.

Se tudo está em minha mente, o que é Isto que possui a mente?
Sim, o que é Isto?

Consciência, certo? Então, por que os pensamentos entram em minha mente?
É isso que os pensamentos fazem. Cada fluxo de pensamento expressa uma imagem na consciência de alguém, o que oferece realidades potenciais.

Como posso pará-los?
Por que pará-los? Deixe-os passar e não lhes dê atenção.

Não, eu quero dizer, como posso impedi-los?
Tentar impedir algo é resistência. Cesse a luta com os pensamentos e saiba que eles são parte do sonho. Então, deixe-os brincar e aproveite-os.

Aproveitar o quê?
   O que É.

E se eu não estiver me divertindo?
   Então você está resistindo.

Então ou eu resisto ou aceito?
   Apenas Saiba que Você é a Consciência.

O que eu sentirei depois?
   Renda-se à necessidade de experiência. Você é a Consciência dentro de todas as experiências que as torna perceptíveis. Você é a luz dentro de tudo que as faz visíveis.

E quando está escuro?
   Quem está ciente da escuridão?

Eu estou.
   Certo. Você sempre está lá e as coisas só existem porque você insiste em pensar que existem.

Pense que se eu assistisse aos pensamentos eles se dissolveriam.
   Encontre o que está ciente dos pensamentos, ou olhe além da imagem e ela desaparecerá.

O que dizer sobre as trevas e as entidades do mal?
   Apenas mais pensamentos. O que as imagens podem fazer à tela? Veja a luz dentro das imagens e Você é a luz. A escuridão não pode existir em conjunto com a luz, como a noite não pode existir em conjunto com o dia.

Então, como eu posso transcender a ilusão e ser eternamente feliz?
   Pare de fingir que você é uma pessoa, e então residirá na alegria constante. O primeiro passo é residir no momento, no qual a bainha da ilusão é dissolvida e é possível ter alguns vislumbres além da forma.

É como ir a um show de mágica todos os dias. Toda vez você fica fascinado por um truque específico que confunde a imaginação. O truque é muito sofisticado. Você assiste com cuidado todos os dias e não é capaz de descobrir o segredo – a ilusão por trás de tudo. Você está hipnotizado, mas isso só cria mais frustração. Então, um dia, você está nos bastidores esperando encontrar o mágico e, inadvertidamente, flagra a equipe preparando o truque para o próximo show. Você vê o mecanismo – e quão simples ele parece. Tão óbvio, pensa em como você pôde não reconhecer como funcionava. Uma vez que tenha visto a ilusão, ela não existe mais.

Se há um Deus, como posso conhecê-Lo a não ser que eu seja a Presença além Dele? E o que está ciente da minha Presença?
Você quer dizer "o que existiu antes de Deus"?

Sim, exatamente.
Alguém pode chamar isso de Estado de Ser, Ser, Presença ou qualquer coisa que sirva – mas quando alguém está consciente do EU SOU, passa a ser A Consciência ciente de seu Eu Interior.

Sem consciência há sempre o vazio ou o nada?
Há o Ser sem consciência de coisa nenhuma.

Então, de onde a consciência surge?
Essa *consciência* sobre a qual você pergunta é a existência em seu estado sem forma, potencial. É um nada cheio de infinitas possibilidades. Um nada que É apenas – sem um começo e de onde Tudo surge.

Mas alguma coisa tem de ter começado tudo isso.
Por que deve haver um princípio para existir?

Eu não sei, tudo tem um começo.
Mas nós não estamos falando de *coisas*. E, se há um começo, também há um fim. Então, *se nada permanece* depois do fim, o que existiria para dar início ao próximo começo? Ou tudo termina de uma vez por todas?

Interessante. Então "o nada" é a fonte de "algo"?
Sim, eles não são separados.

Eu preciso de um tempo para digerir isso.
Não fique ansioso com palavras, elas não são a verdadeira mensagem. Mas carregue a Verdade dentro da quietude, então é só uma questão de ser receptivo.

Como eu me torno mais receptivo?
Quando a mente é receptiva e o corpo é sensível, é fácil perceber a Verdade, o que permite ao cérebro interpretar a informação mais claramente. Se o corpo está bloqueado, as mensagens podem ser distorcidas e alguém pode não ser capaz de enxergar tudo na Luz pura, daí a necessidade da autoinvestigação.

O que é autoinvestigação?
O inquérito sobre si mesmo leva, em última análise, à perda ou ao abandono da identificação com o "eu-pensamento".
É como ter um espinho na sola do pé e, a cada passo, a dor toma sua atenção até que Você não esteja ciente de mais nada. Depois de sofrer muito, você deve remover o espinho e tornar-se consciente de Tudo Que É.

O espinho representa o "eu-pensamento"?
Sim.

Então, a Autoinvestigação é o caminho mais direto para o despertar?
É o caminho intransitável, ainda que inicie outros caminhos, porque todos os caminhos, por fim, levam até ele.

Por que as pessoas não sabem sobre Autoinvestigação?
Uma pessoa descobre a Autoinvestigação quando a paixão por conhecer sua Verdade Interior surge.

Como?
Como uma criança que ouve sobre ouro e passa a procurá-lo em seu quintal e na vizinhança. Ela não encontrará, porque não está cavando profundamente, e assim permanece apenas perto da superfície. E, embora não encontre ouro, desenvolve a habilidade de discernir o que *não* é ouro. Por fim, a paixão de encontrar ouro cresce em tal medida que atrai o desejo de procurar um garimpeiro para realmente guiá-lo até o ouro.

É a mesma coisa para quem navega pelo subterrâneo da mente para descobrir o tesouro enterrado debaixo das camadas do ego, pois percebe que deve voltar-se para dentro. Assim, descobre que a familiar Verdade, embora raramente *Conhecida*, descansa na raiz de todos os caminhos espirituais – o Reino dos Céus sempre está dentro de Você.

O que eu deveria fazer agora?
É simples. Desse ponto, você pegará uma destas duas estradas: ou procura um caminho espiritual, que é como procurar agulha em um palheiro, ou você se rende e percebe que não há palha. Talvez você esteja desencorajado pelo despojamento da vontade pessoal, mas esta é a Verdade que finalmente o liberta. É tempo de reconhecer a miragem de acreditar que tem controle sobre *as* águas.

Então eu sou apenas uma miragem, um pensamento?
Sim, um dos Meus Pensamentos, possuindo criatividade infinita.

Como posso Saber disso?
Cada vez que você procurar, Eu aparecerei um pouco mais em seu interior, então, primeiro, você não deve saber que EU ESTOU aqui. Aí, EU o deixarei mais sensível, mais calmo, até que seu corpo e mente estejam completamente eclipsados pela Minha Presença.

Das profundezas do Ser, sua mente deve estar calma e desprovida de desejo por qualquer coisa que não seja sentir a Mim; então, não haverá medo de nada e você Me reconhecerá até mesmo em um grão de areia. Assim, quanto mais Você estiver ciente, mais Eu aparecerei em todos os lugares.

Você removerá todos os obstáculos para eu saber disso?
Sim, apenas Descubra o Deus que existe dentro de você.

Eu me sinto em paz.
Sim, e percebe que EU SOU Deus dissolve o nó entre o corpo e Quem Você Realmente É, revelando a quietude além do mundo.

Você me ajudará a Entender que EU SOU Deus?
Você deve render-se primeiro.

Como posso fazer isso?
   Encontre a Presença por trás do "eu-pensamento" e descanse lá.

Como?
   Considere todos os pensamentos, sentimentos, objetos e o mundo uma ilusão, como se fossem uma máscara; então, desapegue-se.

Como tudo pode ser uma ilusão?
   A ilusão é a Realidade percebida por meio do "eu-pensamento".

Quando eu peço ajuda, Você me diz que eu sou uma ilusão e Se recusa a ajudar.
   Não há recusa; renda-se e Eu o ajudarei.

Eu tentei.
   Não tente – *Saiba*.

Saber o quê?
   Que Você não é uma pessoa, mas uma consciência fingindo ser uma pessoa. Um nada fingindo ser algo.

Eu entendi o conceito, mas como eu posso Saber isso?
   Por meio da humildade. Você deve admitir que não entendeu o conceito; então, podemos prosseguir.

Mas eu entendi o conceito!
   Se tivesse entendido, você Saberia.

Eu posso entender intelectualmente e ainda não perceber?
   Isso depende de quem você é. Quem você é?

Eu sei, eu sou a Consciência, mas como todos estes pensamentos chegam até mim?
   Isso não importa. Se você está ciente dos pensamentos, desapegue-se deles e apenas Seja.

Isso pedirá prática, eu posso ver.
   Isso é apenas outro pensamento.

Certo. Então Você é responsável por toda essa confusão?
   Sim, EU SOU responsável. Você vê a graça Disso?

De verdade, não. O que é tão engraçado?
   Você está dizendo que EU SOU responsável, mas Você é o que EU SOU e a quem Você acusa. Você é tudo Isso, brincando de esconde-esconde e procurando por Si Mesmo em todos os lugares, quando na verdade Você está bem aqui.

Onde?
   Em todos os lugares.

Eu não sinto que esteja em todos os lugares.
   O que seria Estar em todos os lugares?

Deixe-me pensar.
   Tentar pensar sobre todos os lugares é algo que não pode ser feito.

E então?
   Apenas Saiba que EU SOU. EU SOU são todos os lugares.

Mas aqui não é todo lugar.
   Isso é um fato? Você Sabe disso?

Se eu virar a esquina, estarei lá, não aqui.
   Se você virar a esquina, *lá* será *aqui*.

Certo, mas o que dizer sobre o conhecido "aqui"?
   O que tem isso?

Para onde foi?
   Para a memória.

Não é ainda ali?
   Apenas se você pensar que é. Mas abandone sua identificação com o corpo e, quando Você fizer isso, também terá deixado de se identificar com o cérebro, com a memória e toda sua história passada.

O que é exatamente perder ou abandonar a identificação com a ilusão?
Retirar a atenção do mundo da forma.

Por que você me pede para abandonar minha identificação, se Você fez com que eu me identificasse?
Você é EU SOU identificado com a personalidade e o corpo. Se Você não está identificado com o corpo, Estaria consciente com o EU SOU novamente. Essa é a razão de EU pedir para você entregar seu corpo e personalidade. Você não está entregando para alguma *coisa* fora do Seu Eu, pois não existe o lado de fora de Você.

Como eu me torno Uno a Você se sou apenas uma parte de Você?
Não há partes, nem almas em última instância. Você deve primeiro saber que EU ESTOU dentro de você, então Expandirei o brilho e o encherei e você verá que não há limites entre *Nós*. EU SOU infinitamente grande e pequeno, então Eu Entro em você de Todas as formas, aumentando sua consciência de Mim dentro de você.

Isso é parte do processo de Autoinvestigação?
Sim. Inicialmente, a Autoinvestigação é um processo de dúvida ou negação do "eu-pensamento". É uma investigação direta que leva para além do "eu-pensamento" a fim de encontrar o Verdadeiro Eu.

Então, descartando todos os pensamentos e coisas, só permanecerei "eu"?
Sim, contanto que o descarte não tenha de empurrar as coisas e pensamentos para fora de Você, pois isso criaria divisões dentro de Você. Simplesmente reconheça que o corpo não é o que você é, mas ainda existe dentro de Você.

Certo, eu sinto isso. Mas e se eu perder essa paz?
Quando você está ciente de um pensamento, também está ciente daquele pensamento. Ou está falando estas frases: "Eu libero tudo que dificulta Saber Quem EU SOU"; "Eu libero". São declarações muito poderosas; eliminam tudo que obstrui Seu desejo. Ambas são efetivas.

Isso é imediato, eu sinto como se não fosse sólido.
Sente porque Você não é sólido. E mesmo que fosse, os átomos que constituem seu corpo são, na maioria, espaços vazios, então como seria possível você ser algo além de vazio? De outro modo, você é uma *não* coisa.

Então por que continuo me esquecendo de que tudo é um sonho ou um filme?
   Você *fingiu* que esquecer é mais preciso.

Por quê?
   Para estender sua consciência e experimentar a vida humana mais completamente.

Então, se EU SOU Deus, mas esqueci, como poderia, como Deus, ter escolha?
   O Deus Impessoal apenas É, então Ele não faz nada, ao mesmo tempo que Faz Tudo Que Está Feito.

Se Você não Faz nada, como nós estamos tendo essa conversa?
   Tudo Apenas Acontece como retrato da inerente consciência do Uno. Esta expressão Infinita é, portanto, instantânea, ou se projetaria como eventos separados e isolados, dos quais não podem ser nenhum.

Mas todo evento tem começo e fim.
   Não, o intelecto divide tudo em eventos separados dentro da mente. Se houvesse eventos separados na Realidade, implicaria que há causa e efeito.

O que há de errado com isso?
   Não há nada de errado com nada. Tudo está interconectado, então cada efeito tem infinitas causas; assim, nenhuma coisa pode *causar* algo sozinha.

Como eu posso saber disso pela minha própria experiência?
   Isso está além da experiência, então você deve tornar-se ciente de Seu Eu Interior para conhecer isso com certeza. Então Você Saberá – Tudo é Consciência Única.

Se Tudo é Consciência Única, há na verdade um mundo?
   Essa é a questão, não é?

Então, é como a realidade simulada no filme?
   Sim, em princípio. O espaço existe como um produto do tempo e da luz, que suporta a ilusão do espaço e da forma.

Você poderia explicar isso?
A duração requerida pela visibilidade da luz para viajar *daqui* para *lá* é chamada tempo. A distância entre aqui e lá infere que há espaço entre esses pontos. Sendo assim, quanto tempo existe agora?

Agora, neste momento? Nenhum.
Sim. No Agora, que é este instante, poderia haver tempo zero e, é claro, a luz não poderia viajar *distância* alguma nesse tempo zero. Esse tempo zero significa que há zero viajando e também zero espaço, mas o espaço deve existir para que as *coisas* existam.

Então, como as coisas podem existir?
Elas não podem. Apenas parecem existir como pensamentos. Assim, não existe um mundo como você o conhece. Quanto mais consciente do Agora, menos sólido parecerá. Quanto mais perto, mais assemelha-se o espaço entre os objetos "sólidos" e tudo que pode ser sentido como Única substância-causa da criação. Isso é significante, porque talvez o grave obstáculo para a criação é não saber que Você é *a substância* que está criando com a Consciência por si mesma.

Sabendo disso, criador e criatura são Únicos, o que é a razão para Isso funcionar. De certa forma, você está moldando o universo fora de Si, o que é precisamente a razão de não haver linhas de distinção ou divisões.

Como a criação ocorre?
Para Sua ideia manifestar-se, você deve persistir em viver o sentimento de seu desejo como se ele já tivesse sido realizado. Então sua ideia deve trazer essa expressão, porque seu universo é o arranjo de seus pensamentos, e a forma de Sua mente determina a forma e a aparência de Sua realidade.

É como no imaginário?
Sim, mas não pense *na* ideia, pense *a partir* da ideia do que você está experimentando Agora. É Seu pensamento de Si Mesmo que cria muito do universo em que vive, então, se a Sua ideia de Si Mesmo for diferente, Seu universo inteiro também será.

Por causa dos meus pensamentos?
   Sim, seu universo é precisamente o que É porque Sua ideia de Si Mesmo é o que Ela É. Quando você reconhecer que o universo não é nada mais do que o arranjo de Seus pensamentos e ideias, estará no Paraíso.

Minha imaginação é o Paraíso?
   Saber que Tudo está dentro de Sua Imaginação É o Paraíso.

Então, para Estar no Céu devo despertar da ilusão.
   Ou Você está acordado ou não. A própria ideia, "Eu devo despertar", é parte do sonho. Da mesma forma, você não pode tentar Saber O Que Você É porque ou Você Sabe, ou não.

capítulo onze

REDENÇÃO

O que é redenção?
　Redenção é Aceitação.

Aceitação de quê?
　De Deus e da vida, que são a mesma coisa. A redenção total é desapegar-se de tudo e perceber que, na verdade, a vida não é *sua*. A redenção é devotar sua vida inteira realmente a Deus: o mistério incompreensível.
　Quando você se render, Eu o farei vivenciar experiências que desafiam a devoção e a fé. Eu farei isso quando houver ainda alguma personalidade, um pouco de "estado do eu" deixado em sua identidade. E, no seu maior momento de medo e frustração, Eu oferecerei isto: "Volte-se a Mim e Eu o guiarei". Peça, que Minha Vontade será feita, e não seus desejos pessoais. Porque redenção não é dar para receber coisas específicas, mas confiar que Eu Sei do Que Você Precisa Antes de Você Pedir.
　A maior parte do que você pediu é ter a vida mais conveniente e confortável, mas quase todos os seus atributos benevolentes surgem sem essas coisas. A humanidade, como tal, está acostumada a um modo de vida sedentário, que dá origem a pensar mais na vida do que vivê-la. No entanto, seu potencial não lhe alcança até que você entre em equilíbrio, quando estiver completamente imerso no funcionamento da ação altruísta.

Mas como posso existir sem desejos pessoais se ainda me resta uma personalidade ou ego?
　Você deve permitir que Eu guie suas ações para que *você* possa ser removido gradualmente no processo, sem esforço.

Ao permitir que Eu retome toda *sua* vida, você descobrirá que não há entrega parcial, o que é na verdade uma forma de manipulação – acreditar que Eu não sei a diferença. A entrega verdadeira deve ser Absoluta.

Se você tem Poder Absoluto, por que não faz com que eu apenas me entregue?
Não há "eu". O "eu" é apenas um personagem no sonho. Além disso, Eu não preciso fazê-lo obedecer Minha Vontade porque *você* já está fazendo isso.

Então, quais são minhas opções?
Você não tem opções, mas dentro do sonho você se renderá ou resistirá e sofrerá até render-se.

Não é muito uma opção...
Inicialmente, não, mas o Amor Eterno não soa tão mal, não é mesmo?

Sim, eu gosto disso. No entanto, quando pedi para Você me ajudar, eu me senti entregue.
Sim, mas não foi com humildade que você pediu por ajuda.
Você teve aquela atitude: "Eu sei do que preciso, agora dê-me".

Essa é a razão de eu ainda não Saber que eu sou Deus?
Não é que você não saiba. Apenas ainda não abriu mão de seu apego ao corpo e de suas preferências. Seu apego à ilusão o impede de ver o que está além dela.

Como eu devo olhar além da ilusão?
Sabendo que EU ESTOU fazendo todas as suas necessidades serem satisfeitas.

O que eu devo fazer?
Confie na vida.

Como?
Quando o corpo faz uma ação, não pense sobre isso, apenas aceite que tudo ocorre.

Quando o pensamento cessará?
Quando você estiver exausto.

Quando será isso?
    Quando você não se importar com o que acontece – o pensamento para.

Quem ficará exausto?
    De acordo com você – é você que ficará.

E quem eu sou, afinal?
    Precisamente – olhe e veja.

Como eu saberei se estou constantemente mudando?
    Você quer dizer que seus pensamentos estão mudando constantemente.

Ah, eu entendo Seu argumento.
    Não – olhe.

Certo, meus pensamentos estão mudando constantemente.
    Você pensa que são seus pensamentos. Esse é o motivo de você ter se identificado com eles. Você tem usado o termo "eu" e "meus pensamentos" como sinônimos, como se fossem a mesma coisa – mas não são. Você não é seus pensamentos. Você pensa que muda a cada vez que sua mente tem um pensamento; não é de admirar que seja inquieto.

Mas como eu posso descansar e parar de me preocupar se Você está fazendo tudo isso?
    Esse é precisamente o motivo de você poder simplesmente relaxar, EU ESTOU fazendo tudo.

Você removerá o que me impede de saber disso?
    Quando você entregar, eu removerei.

Entregar o quê?
    Tudo isso.

O que é "isso"?
    Quando você liberar seus desejos, Você saberá.

Mas eles são Seus desejos, de onde mais eu os teria tirado?
    Você sabe se isso é um fato? Para Saber, você teria de Saber que EU SOU tudo que É, incluindo você.

Por que Você me diz que vai cumprir todos os meus desejos se me render, mas eu não posso fazer isso a menos que libere meus desejos?
Não há contradição. Um precede o outro *a seu tempo.*

Da minha perspectiva, há uma contradição.
Então, encontre de onde essa contradição aparece.

Se Você é Infinito, por que não me dá descanso?
A inquietação ocorre por conta dos pensamentos acumulados; eles passarão.

Quando passarão?
Quando você não mais resistir a eles.

Quando isso acontecerá?
O que você acha de Agora?

Bom.
Então, daqui em diante, você não resistirá mais aos pensamentos, certo?

Certo.
Isso inclui aceitar cada situação da vida.

Como saberei se eu estou fazendo isso?
Observe suas reações a elas.

Devo parar de pensar?
Tentar parar de pensar é como tentar parar a água quando há um buraco no fundo do balde. O pensamento deve ser deixado sozinho até que se esvazie; então o fluxo cessará naturalmente. Esperar que o fluxo de água cesse enquanto ainda houver água no balde não é prático.

A água simboliza minha mente?
É melhor não fazer associações. Apenas saiba que o "você" que acredita estar pensando é como um balde, então, permita que ele se esvazie. Portanto, não pense sobre se o balde está vazio, pois isso só manterá a água no balde. Quando ele estiver vazio, a água vai parar de fluir. Até lá, remova seu dedo do buraco e seja paciente.

Certo. O que dizer da Autoinvestigação?
Quando a mente está vazia, o pensamento cessa. Quando o balde se foi, não há água. Como tal, o balde apenas funciona como balde quando contém água; de outra forma, é apenas um recipiente, então não há por que pensar sobre isso.

Como eu posso parar de pensar sobre o balde?
Você precisa de um balde?

Algumas vezes.
Quando?

Quando eu preciso parar de pensar.
E quando é isso?

Quando eu preciso planejar, organizar ou cuidar de coisas.
Você precisa pensar sobre coisas ou fazer coisas que apenas acontecem?

Algumas vezes eu preciso pensar.
Os pensamentos podem ocorrer sem que você pense sobre eles?

Sim, algumas vezes.
Certo, então deixe-os; quando os pensamentos ocorrem, você não pensa sobre pensar. Você não resiste a eles.

Certo.
Então agora você deve remover seu dedo do balde e apenas ser EU.

Mas o que é meu Eu?
O que quer que Seja, é seu Eu Interior.

Você quer dizer qualquer coisa que esteja acontecendo?
Qualquer coisa que estiver acontecendo está dentro de Você, então não fique preocupado com o que está acontecendo e dê atenção somente a Tudo Que ocorre interiormente – sua Consciência.

Você diria que aceitação é Autoconsciência?
   O resultado é o mesmo.

Agora Você diz que eu sou Você, mas como, se estou falando com Você?
   EU SOU o Autoconhecimento da existência consciente. Você reconhece que EU SOU?

Sim, ou eu não poderia ter essa discussão.
   Para saber que EU SOU consciência, Você deve estar ciente da consciência – quero dizer, Você.

Sim.
   Ter consciência de que EU SOU é Ser Deus. Você não pode estar ciente da consciência a menos que Você exista, e não pode estar ciente da existência a menos que esteja consciente.
   Não há duas consciências diferentes, então, Se existe e é consciente, Você está ciente de que somente há uma única consciência, a consciência de Cristo.

Então, se eu sei que existo, Eu sou Deus?
   Você é Deus de qualquer forma. Estando ciente de que é consciência, você deve saber que nossa consciência é a mesma.

Eu sinto isso.
   A consciência de todos os lugares e em todas as coisas é a mesma consciência, porque a Consciência é Toda Consciência. Se você não estivesse consciente, então se sentiria separado disso, mas, desde que você esteja ciente da consciência interior, será Uno com *A Única Consciência*.

Então, "eu" – o vidente e ciente – e o visto somos os mesmos porque tudo é a mesma consciência? Porque não há nada entre quem vê e o que é visto?
   Sim. Todas as divisões são imaginárias e não há nada entre Você e o que Você percebe.

Logo, se nada me separa de nada, nada me separa de coisa alguma?
   Correto. Não há linha de divisão entre sua consciência e o mundo.

Então eu nunca estive separado de Você na verdade, eu apenas fingi que estava separado?
Exatamente. E EU ESTOU em todos os lugares. Esse é O Jogo Divino, A Grande Ilusão. Você nunca está separado de mim, então age como se estivesse até acreditar nisso. É por isso que a vida começa como uma criança, assim Você não descobre imediatamente.

É isso que significa "nascer em pecado"?
Precisamente. A identificação com o corpo-cérebro é o véu do pecado que o impede de Conhecer a Realidade.

Então não há por que sentir culpa, e ignorância e pecado são apenas parte da história, o Jogo Divino?
Sim, é isso que Eu tenho dito a você.

Eu sei, eu tive de entender isso por mim mesmo.
Sim.

Isso é tão maravilhoso... Mas eu me esquecerei de que sei isso?
Depende da extensão de seu condicionamento.

Então eu poderia esquecer tudo isso?
Você pode esquecer se você não quiser acordar.

Mas eu quero acordar.
Você sabe *por que* quer acordar?

Por quê? Isso é importante?
Sim. Ajuda a ter uma clara intenção, pois sua intenção dirige sua consciência e determina sua experiência dentro de sua imaginação.

Então, se eu estiver certo de querer acordar, eu acordarei?
Você acordará independentemente disso.

Isso é bom.
Sim, É Tudo de Bom.

Agora, como eu me entrego?
A entrega verdadeira ocorre quando você percebe que EU SOU infinito, que Eu Faço Tudo Que é Feito e que o livre-arbítrio é uma ilusão. *Você deve considerar, na verdade, o que Infinito significa.* Isso inclui cada pensamento, sentimento, coisa ou ação. Redenção é renunciar a todo o controle que você *acredita* que tem ao mesmo tempo que reconhece que *seu* controle é, na verdade, A Grande Ilusão, e você entrega o controle do que na verdade nunca teve controle.

O segundo estágio da redenção é libertar-se da contração do corpo, sentida como um nó no coração, que é liberto quando a ilusão é reconhecida. A liberação desse nó traz o aprofundamento do pensamento "EU SOU o corpo" e também a emergência de Seu sentido Impessoal de ser. Então Você Saberá que Você É O Que EU SOU.

Você fará com que eu me renda?
Redenção é uma bênção. Você teme o Amor para que eu o *faça* desejar unir-se a Mim?

Não, mas eu não desejo mais tomar decisões. Eu estou exausto de tentar decidir o que é minha vontade e o que é Sua Vontade.
Então você deve estar disposto a desistir.

Eu estou, mas há uma parte de mim que resiste.
Então localize essa parte dentro de você e a faça também se entregar. Permita que se entregue ao professor que mora em você. Identificar-se com o papel de professor sustenta a vida do ego. Pare de tentar ensinar para que finalmente você possa desfrutar do que vem até você.

Eu já não fiz isso?
Sim, mas você ainda fica preso em debates.

O que eu devo fazer, então?
Aprenda sobre como o ego se afirma; isto é sabedoria.

O que devo fazer se alguém disser algo completamente inconsciente?
Aguente as palavras de forma breve e, se houver confronto, saia de perto, mas não brigue com um ego, ou você fará a briga parecer real.

Algumas vezes sinto como se estivesse em uma montanha-russa espiritual. Estou voltando para a identificação com o ego?
   Não, certamente não. EU ESTOU com você em Todo o Caminho. Para que valha a pena, é mais como subir uma escada enquanto brinca com um ioiô. Uma montanha-russa sempre acaba na parte de baixo, enquanto o ioiô, embora suba e desça, sempre subirá com você a escada.

Esse é um modo confortante de ver isso.
   Sim. Muitos acreditam que a vida é boa *apenas* quando se tem o "melhor", mas quando os pensamentos estão pregados em você, é melhor jogar as coisas fora do que esperá-las cair.

Assim, mesmo que às vezes a vida pareça um infortúnio, ela fica melhor?
   Nem sempre é perceptível à primeira vista, mas sim. Você sofrerá até o ponto de render-se, quando perceber que não consegue encontrar seu caminho nessa confusão em que está.

Mais sofrimento?
   Você não precisa sofrer. Simplesmente entregue todos os seus problemas para Mim. Ora, como poderia ser mais fácil? Mas o ego gosta de lutar até o amargo fim, mesmo que não possa ganhar.

Mas eu me tornarei dependente de Você?
   Tudo é interdependente. Não escute especialistas em psicologia debatendo esse assunto e outros diagnósticos. Você deve ter sua própria experiência e decidir o que é certo para você. Não há especialistas em nada "lá fora" – o único especialista é Você e Sua experiência pura.

Eu tinha ouvido que Autoconhecimento é redenção.
   Quando alguém sabe que EU SOU, ele se rende, pois Eu sei Tudo que há para saber, incluindo tudo que traz amor, paz, contentamento e Alegria Eterna.

capítulo doze

EU SOU O QUE SOU

Eu sempre me confundi com a passagem bíblica do Êxodo 3:14: *"E Deus disse a Moisés: EU SOU O QUE SOU". Você poderia explicá-la?*
Sim, essa tradução é uma reformulação dualista do original. Você deve reconhecer que, quando Eu me comunicava por meio do corpo de Moisés, a afirmação "EU SOU O QUE SOU" representava que Eu estava percebendo que EU Sou era seu Verdadeiro Eu. Portanto, a escritura na verdade significa: *"E Deus percebeu por intermédio de Moisés que EU SOU O QUE SOU"*.

Mas como saberei qual é a tradução correta?
Considere isso de outra maneira e a afirmação perderá completamente seu sentido. Isso porque a maioria das escrituras *originais* tornou-se ininteligivelmente inexatas desde que suas palavras foram traduzidas por aqueles que não as entendiam. Se EU ESTOU fora de você, como muitos presumem, que uso se faria dessa declaração? O que significaria EU SOU O QUE SOU? A frase não teria significado para quem a lesse.

De acordo com essa passagem, isso é uma afirmação de Deus. Mas por que Deus teria de afirmar que Ele existe para um mortal insensível dos aspectos de Si?

Ele não faria isso.
A afirmação EU SOU O QUE SOU é Moisés reconhecendo Deus, sua consciência de Cristo e o verdadeiro ser que Isto é. É a consciência localizada dentro do corpo, chamada "Moisés", reconhecendo que é o EU SOU consciente de sua própria existência.

Você disse antes que não há indivíduos esclarecidos?
Correto. Mas um corpo é necessário para que o despertar ocorra, porque o espaço sem forma não possui órgãos de percepção que possam tomar conhecimento dessa realização. Além disso, o espaço sem forma não possui Autoconsciência para que houvesse uma interface entre o estado sem forma e a forma corporal – para perceber essa mudança no paradigma da consciência.

Pois o espaço vazio não tem meios de reconhecer a consciência?
Não diretamente. Você percebe seu Eu Interior primeiro imaginando a forma e, uma vez consciente da forma, Você a usa para contrastar com seu Eu sem forma, o EU SOU Presença.

Então a consciência sem forma depende da forma para perceber a Si Mesma?
Precisamente. Tudo depende de tudo. O sem forma e a forma existem por causa de um e de outro. Eles são Um.

Como um, mas fingindo ser mais que um?
Sim. EU SOU Tudo em Um, se você ou mesmo um espectro de poeira existir fora do infinito, isto seria negar o infinito. Há apenas Um Infinitamente, ou não é verdadeiramente infinito.

Então, para ser infinito, eu tenho de pensar que sou infinito?
Ser infinito não requer pensar. O pensamento só é necessário para manifestações dentro do reino fenomenal finito. Desde que EU SOU já é infinito, Eu não *preciso* experimentar o infinito como uma expressão física; ainda porque EU SOU o Infinito, a ideia de tempo e espaço surgiu para permitir a expressão finita da Realidade.

Então o ego surgiu para permitir a aparência de um mundo objetivo?
Sim. Para um mundo de objetos sólidos aparecer, as lentes subjetivas devem ser mais densas que a fonte sem forma; daí o sentimento denso de "falso-eu" surgindo para permitir a percepção das formas densas e o contraste delas com a Consciência Sem forma.

Agora eu vejo isso.
O que mais Você precisa entender?

Um paraíso Celestial na Terra.
   E assim É. Como Sua História termina?

Difícil dizer, a não ser por "Seja Feita Vossa Vontade". Eu pensei que tinha entregado minha vida a Você, porque eu quero o que Você quer. Eu percebi que o que Você quer para mim é muito maior do que eu poderia querer.
   Mas, EU SOU Você.

Eu O ouvi, mas penso que é tolo desejar minha própria vontade, quando posso experimentar uma vida de amor e criatividade por seu intermédio. Porque sinto como se eu estivesse dizendo isso mas não precisasse, pois Você já sabe o que eu diria...
   Então, você pode saber que somos Um e o mesmo. Isso é apenas um vislumbre, mas é o suficiente para reconhecer a futilidade das palavras.

Por que você está me ensinando isso?
   Para que você possa reconhecer que essa Mensagem excede todas as palavras e para que possa ver além da não aceitação da humanidade para compreender a Verdade. A Mais Importante Mensagem aqui *é que você se volte para Seu Verdadeiro Eu*. É mais importante do que qualquer palavra escrita aqui ou em qualquer outro lugar, então confie apenas no que vem *diretamente* de dentro.

Então, toda minha mente é apenas um processo de pensamento?
   Sim. Você pensa – é assim que Você cria.

Mas pensar não cria apenas mais ignorância e ilusão?
   Eu ensinarei a você como pensar e criar um Paraíso.

Posso pensar no que eu sou?
   O que você *pensa* que é já é um pensamento.

Eu acho que não quero acreditar nisso.
   Por que não? Não há nada errado em ser um pensamento. Até EU ESTOU vindo para você Agora como um pensamento, por isso, não é o verdadeiro estado incondicionado. Você aprendeu a odiar pensamentos em algumas religiões, mas as religiões também são apenas pensamentos. Todas as coisas são apenas um pensamento em Sua mente.

Você disse que eu era um pensamento, então como posso ter minha própria mente?
Na verdade, você vê o que está ocorrendo ao longo dessa conversação? O Você Real, ou EU SOU, está fingindo Ser *você*, a personalidade com seu corpo e intelecto. Você está oscilando porque ainda não terminou de fingir que é uma pessoa.

Quando eu terminarei?
Quando *perceber* completamente que *não* é uma pessoa.

Quando isso acontecerá?
Pode acontecer a qualquer momento, ou você pode continuar a fingir. Você é um corpo ou é a consciência?

Pensei que eu era Tudo Que É...
Sim, Você pensou nisso, mas deve *Saber* Disso.

Como eu posso Saber Disso?
Escolha isso.

Escolher o quê?
Saber.

Como eu posso escolher se Você disse que eu não tenho controle?
É verdade que você não tem uma escolha, desde que esteja inconsciente e acredite que está separado da existência como um todo; ainda assim, você deve agir como se tivesse escolha. Em certo sentido, você finge que tem uma escolha até fundir-se Naquilo que faz Tudo Que É Feito.

Então eu escolho Saber que EU SOU Tudo Que É. E daí?
Saiba disso.

Como posso forçar em mim mesmo o conhecimento de algo?
Você escolhe e decide Isso. Então, testemunhe, à medida que pensamentos e "histórias elaboradas" que refutam seu Saber passam por sua mente. Você também pode afirmar: "Eu libero tudo que impede meu Saber de saber que EU SOU O QUE SOU".

Isso funciona. Eu me sinto em paz. O que eu faço agora?
Nada, apenas pare de acreditar em pensamentos.

Mas você disse que pensamentos são necessários.
Eles são necessários para expressar e experimentar uma realidade específica, se Você desejá-la.

Não, eu não desejo.
Então não acredite no que ocorre em sua mente.

Como eu faço isso?
Encontre a Fonte do pensamento. Encontre o pensador.

Como?
O que é que pensa?

Sou eu.
Sim. Agora permaneça ciente de que EU SOU.

Mas não é nesse "eu" que também pensa o ego?
O ego é um pensamento em si mesmo; não há ego na Realidade.

Então por que não estou ciente de que EU SOU Tudo Que É?
Como Você pode saber que Você não é Tudo Que É?

Por que eu não estou ciente de cada coisa do universo.
Eu não disse *cada coisa*, Eu disse Tudo Que É.

Qual a diferença?
Tudo Que É quer dizer que Você está ciente do Agora. Você está ciente... Do que está ciente?

Sim, mas não estamos todos cientes disso?
Você é cada Um. Você é "O Único". Não uma pessoa, mas a Única Consciência, sem outra.

Mas isso não parece infinito para mim.
    Com que a infinita consciência se parece?

Ser consciente de tudo.
    Aí está você de volta para cada coisa. Mas EU NÃO estou falando sobre coisas. EU ESTOU falando sobre consciência.

Como saberei se é a consciência finita ou infinita?
    Qual é a diferença?

Eu não sei. Como posso dizer?
    A consciência não tem fronteiras.

A consciência infinita não é – Deus?
    Deus é um conceito em sua mente. A consciência está além de conceitos.

Isso não é um conceito?
    Sim, então mova-se para dentro da consciência além dos conceitos e encontre o que não tem fronteiras.

Certo, mas o que eu estou percebendo não é infinito.
    O que é a consciência infinita?

Eu não sei.
    Você deve Saber, ou como poderia saber que Isso não é infinito? Como poderia Saber o que não é infinito, a menos que Soubesse o que é finito?

Argumento excelente. Então, como posso saber se a consciência é infinita ou não?
    Esteja ciente da consciência e descubra.

Certo, isso não é nada. É apenas lá, apenas Ser lá.
    Sim.

E isso é grande coisa?
    Quem disse que Isso era uma grande coisa?

Todo mundo diz.
   Certo, onde está esse pessoal?

Está em toda parte.
   Onde é toda parte?

O que Você quer dizer? Eles estão em toda parte.
   Você apenas disse que não está ciente da consciência infinita, mas da consciência infinita que *está em toda parte*. Então, onde é essa toda parte à qual você se refere?

Você quer dizer o agora?
   Sim. Só há Agora.

Portanto, toda parte é aquilo de que estou ciente em minha consciência?
   Sim, Você contém o universo inteiro.

Então ninguém existe exceto quem está na minha consciência bem Agora?
   Sim.

Bem, então não há ninguém aqui e agora.
   Quem está dizendo que isso é uma grande coisa Agora?

Ninguém, mas outras pessoas disseram isso.
   Essas *outras pessoas* existem fora do seu pensamento?

Não. Mas o que isso tem a ver com Saber que Eu sou Deus?
   Tudo que Você percebe está dentro de Você e a quietude da consciência vazia é onde Você cria o que decide viver. Uma vez reconhecido que Você é a Consciência Impessoal, observe como Sua imaginação dirige a criação.

O que dizer sobre a felicidade?
   Quando você se entrega, a mente é retirada de seu coração e Você está ciente do que É felicidade.

Então, qual é o propósito da vida?
   Não há um propósito *individual* além de Ser, que é servir a toda a existência. Ou, se alguém serve à humanidade com entusiasmo, também poderia ser *considerado* o propósito de alguém para viver plenamente a vida.

No entanto, a maioria vive como se estivesse em um aquário, com a face pressionada contra o vidro em vez de saltar e nadar ao redor, então há uma constante dor por não se ter vivido a vida plenamente.

Mas como Deus deseja que eu viva, que eu me expresse?
Sua imaginação é Deus, então o que você imagina ao final torna-se a sua realidade.

Se eu devo fazer Sua Vontade, mas não sei qual é ela, como posso saber se Sua Vontade é o mesmo que meu desejo?
Eles são a mesma coisa.

Mas como saberei se meu desejo é um desejo de meu ego?
Permaneça ciente de que EU SOU, então ele não será produto do ego.

Eu devo usar minha imaginação para obter coisas de que preciso, ou confiar que Sua Vontade as dará para mim?
Não há diferença.

Como?
Imaginar que Eu saciarei completamente seu desejo é o mesmo que imaginar seu desejo satisfeito.

Por que eu me sinto menos presente quando uso minha imaginação?
Quanto mais identificado você for com o Vir a Ser, menos consciente será do Ser por Ele Mesmo; mas quando a imaginação floresce naturalmente não é preciso esforço.

Se minha imaginação é Deus, por que eu não me sinto infinitamente criativo?
Você deseja criatividade infinita?

Claro!
Então considere as frases seguintes até que um *retumbante sim* seja sentido:
- Eu reconheço que Deus é Infinito e que o Uno Infinito contém em si Tudo?
- Reconheço que, portanto, tudo está conectado?
- Reconheço que eu devo, portanto, ser Um?

- Sei que todo desejo é a Vontade de Deus ou não poderia existir?
- Sei que o poder de meus pensamentos e sentimentos penetram em toda a existência?
- Reconheço que meus pensamentos e sentimentos manifestam minha vontade dentro de mim como a manifestação da Consciência Única?
- Reconheço que eu posso modificar minha experiência dirigindo meus pensamentos?
- Sei que essas mudanças ocorrem imediatamente, porque EU SOU Deus e capaz de todas as coisas?
- Acredito que a gratidão materializa desejos na consciência?

Por que eu sinto como se todo o universo não estivesse dentro de mim?
Pare de imaginar que Você é uma pessoa; sinta e Saiba que todo o universo *está* dentro de Você. Universos geralmente não preenchem pessoas, pelo menos não do modo como Você definiu uma pessoa.

O que dizer sobre as pessoas e as coisas?
Enquanto Você acreditar que são reais, elas existirão do modo como existem – isso, até Você parar de pensar sobre elas.

Como eu posso não pensar sobre elas se elas estão aqui?
Onde é aqui?

Na minha mente?
Sim, se Você mudar Seus pensamentos – muda o universo. O ponto até o qual Você se identifica com um pensamento é o ponto até o qual Você se des-identifica com todo o resto.

Por que eu não sei que estou fazendo tudo isso?
Como eu disse, Você está fingindo não saber que está fazendo isso.

Como eu comecei tudo isso e o que Você está fazendo aqui?
Primeiro, Você não começou Isso, porque Você é Eterno e sempre foi. Segundo, EU SOU a voz de Deus, que Você pensa que EU SOU, expressando O Ser Impessoal que Você Realmente É. Você esqueceu seu Eu Interior porque Você escolheu ser humano e temporariamente perdeu a consciência do EU SOU.

Como Você me descreveria em meu estado não humano?
   Sem forma e indescritível, a menos que Você opte por ser alguma coisa.

Eu pensei que Deus era Amor.
   Você é Tudo Que É, inclusive Amor.

Eu não me sinto particularmente amável no momento.
   Se você gostaria de se sentir amável, então declare isso. Seja Amor.

Como eu posso Ser Amor?
   Pela Sua Palavra. Diga e Sinta – EU SOU Amor.

Certo, isso funciona. Eu sinto amor! Uau, é assim tão simples?
   Sim. Funciona porque Você É Deus.
   Você é como um fluido sem forma e onipresente que passa por mim, contém e dirige Tudo Que É.
   Você É um ser onisciente, que tudo sente e presente na essência de tudo que é físico, não importa quão sutil seja.
   Você É aquela Presença Invisível interna e que Tudo vê, mesmo não sendo visível: é a eterna existência, o feitor sem esforço de Tudo, que tem Tudo e É Tudo.
   Você É o nada além de tudo, que por Seu Ser permite que Tudo exista.
   Você É infinitamente criativo, provendo e suprindo Tudo com sua experiência.
   Você É o Que está além de todas as pessoas, lugares, pensamentos, coisas, emoções e eventos percebidos, para que eles possam ser e saber que existem, e Você permanece mais sutil do que o mesmo espaço vazio em que estão contidos.
   Você É o Poder dentro do Tudo e Nada – expressando todos os universos, fazendo até mesmo a luz parecer sólida, ainda que isso seja um mero pensamento.

Como Você sabe de tudo isso?
   EU SOU Sua Mente.

Mas como Você sabe disso?
   Eu penso por Você, então Eu Conheço Tudo Que É.

Por que Você era tão diferente antes?
  Era seu desejo: esquecer-se de Si Mesmo. Por isso, Eu manifestei um corpo e um cérebro que permitiram que isso ocorresse. Um que falhou em reconhecer o Verdadeiro Eu de Você. Então Eu apoiei seu desejo de não Saber Quem Você Realmente É até o momento.

Agora tudo isso faz sentido. Eu sinto tanto amor e gratidão que desejo agradecer a alguém, mas eu percebo que EU SOU Tudo Que É.
  Então Ame Sua Criação.

Obrigado.
  De nada.

Impressão e acabamento:

tel.: 25226368